民国版权史料汇编

周伟俊　叶　新　编

知识产权出版社
全国百佳图书出版单位
—北京—

图书在版编目（CIP）数据

民国版权史料汇编/周伟俊，叶新编．—北京：知识产权出版社，2021.4

ISBN 978-7-5130-7488-9

Ⅰ.①民…　Ⅱ.①周…②叶…　Ⅲ.①知识产权—史料—汇编—中国—民国
Ⅳ.①D923.439

中国版本图书馆 CIP 数据核字（2021）第 064415 号

内容提要

本书汇编了民国时期关于著作权的史料四十余篇，包括中国商标版权之保护问题、国际著作权公约问题、关于著作权之中法新文交涉、加入国际保护著作权公约问题等，对于了解我国民国时期著作权的发展具有一定的参考价值。

责任编辑：阴海燕　　　　**责任印制**：孙婷婷

民国版权史料汇编

MINGUO BANQUAN SHILIAO HUIBIAN

周伟俊　叶　新　编

出版发行：	知识产权出版社有限责任公司	**网　　址**：	http://www.ipph.cn http://www.laichushu.com
电　　话：	010-82004826		
社　　址：	北京市海淀区气象路 50 号院	**邮　　编**：	100081
责编电话：	010-82000860 转 8693	**责编邮箱**：	laichushu@cnipr.com
发行电话：	010-82000860 转 8101	**发行传真**：	010-82000893
印　　刷：	北京中献拓方科技发展有限公司	**经　　销**：	各大网上书店、新华书店及相关专业书店
开　　本：	720mm×1000mm　1/16	**印　　张**：	8.75
版　　次：	2021 年 4 月第 1 版	**印　　次**：	2021 年 4 月第 1 次印刷
字　　数：	150 千字	**定　　价**：	58.00 元

ISBN 978-7-5130-7488-9

目　录

中國商標版權之保護問題

主講者英美煙公司律師肯列退先生Mr. W. B. Kennett

中國市場。爲各國雜處之地。租界立。治外法權實行。因之商標版權問題甚爲複雜。今祇得從其目前困難情形。約略言之。請先言商標。其意義。各國法律皆有解釋。大概相同。英國審判官培根 Vice Chancellor Bacon 云。凡製造家製造一物。用一標記。俾得認識其出品與他物有所區別。則有享用此標記之權利。標記卽商標也。此權利爲各國法律所共保護。又一英國審判官云。凡人不得將己物假作他人之物混售。使人誤認爲他人物。由是觀之。設立商標。實有二命意在焉。一使製造家享受其記號上之利益。二使購者求得眞正物品。

主管商標者。未必皆製造家。凡運售物品。保證物質之人。皆得用商標。英國一九〇五年商標律有云。凡記號用以區別貨物。由某某製造選擇保證販賣者。皆曰商標。商標不能移用。一人商標不能用於二物。甲品商標。不適用於乙品。英律互用商標。不能在官廳註册。未註册之商標。不受官廳之保護。有時奸商仿造貨物。顏色同。尺寸同。僅商標稍異。購者無從辨別。此亦爲法律所禁止。今就外人在華者所用商標言之。例如英人所用商標。有三種商人可侵犯之。一英人。二其他西人。三華人。英人在華仿造英人貨物。繩以英律。與在英國無異。其他西人仿造英國貨物。得依各國對於商標之換文處理之。英與比丹法德意荷葡俄美。訂有換文。凡欲得外國駐華審判公堂之保護者。須先將商標在各該國註册。例如欲求美國在華法庭之保護。須先在美註册。欲求法國在華法庭之保護者。須先在法註册。此等手續。甚欠完善。蓋一商人欲求得完全保護。勢非在各國一一註册不可。英日無關於商標之換文。非一九〇八年。日美曾訂條約。甲立約國人民。在華假冒乙立約國人民版權商標者。當與假冒甲立約國人民商標版權受同等判斷。一八九四年日英商務航業條約。凡關於商務航業事宜。立約國人民。當與受最優待遇國人民受同等待遇。故日人之保護英人。應與保護美人同。此外尚有一法。對付日人之侵犯商標者。卽在日註册是也。在日註册。可免日人在日冒牌。運入中國。更有一法。對付日人。卽控經售之華人是也。控冒牌之製造家。固爲上策。惟有時製造者無從調查。則控經售冒牌貨物之人。亦未嘗非一補救之道。

華人之假冒英人商標版權者。有一九〇二年中英條約保護之。中政府並令稅務司。設立商標註册處。外國商標。皆得註册。一九〇三年中日條約。中政府擔任保護日人曾經註册之商標。而各國之受最優待遇者。自與日人受同等之保護也。數年前江海關曾設立一臨時商標註册處。惟其手續不完備。有名無實。

既不由稅關審查。復不由報紙公佈。使註册者有阻止假冒之權。雖然。在華西人未嘗無絲毫保護也。仿造貨物。係一種欺騙行爲。得依普通法律審判之。新近上海會審公堂有二案。一爲寶威藥房 Messrs. Burrough Mellcome & Co. 控南洋大藥房仿造彼貨。曰"Hazeline Snow" 形式酷似。惟商標略異。使人不易區別。其結果判被告將所仿造貨物及售得盈餘。概歸原告。足懲效尤。一爲白克公司 Messrs. A. R. Burkill 控新大號經售仿製肥皂。其結果判以後不准再售。此二案皆屬民事訴訟。但亦可作刑事起訴。由是觀之。在華西人之商標。初未嘗無保護。惟欲得完全保護。非由中政府頒行商標律。俾中外商人可以註册不可。外人在華既有治外法權。商標律自應請各國贊成。然後得以實行。新頒商標律中之最困難問題。莫若註册權之爭執。現在海關之臨時註册處。無註册權之商人。亦得掛號。誠屬非是。鄙意以爲惟眞正設用商標者。方得註册。受官廳之保護。洋貨號非用商標多時。且無外國製造廠質問者。不得有註册權。現在中國情形。足使日本利用仿造假冒之機會。然仿造假冒。終至失敗。且自證明其貨色之不良。而必假人之名以售也。

諸君須知。不久我人必又注及商標律。蓋中國商務日盛。商標日多。講求保護之法。愈早愈妙。各國應顧念世界原理。商業道德。而共研究之焉。

版權者。翻印文藝美術品之權也。各國皆有專律規定。獨享版權時期。且互相保護其人民所有之版權。惟在華其保護效力如何。誠不敢說。所幸者侵犯版權之事尙未見利害。英國在華用英國版權律。其他各國想亦用其國內所頒行版權律。保護其人民。今須討論者。僅中日人之侵犯版權耳。日美已有一九〇八年條約。規定保護在華侵犯商標版權事宜。英日又有一八九四年條約。最優待遇之規定。華人之侵犯版權者。近因科學之發達。日見增加。有翻印科學書者。與原本無一不同。所異者僅印刷人名耳。一九〇三年中美條約。中政府擔任保護美商所售關於華人通用及教育圖册版權。關於華人通用及教育圖册。常於書面書明其種類。須在北京內務部註册。或海關臨時商標註册處註册。但英美之科學書小說。原非關於華人通用及教育者。自不在保護之例。然現在科學盛行。科學書銷售日廣。保護版權。實不可不注及也。

國際著作權公約問題

槑三

△去年年邊，出版界上發生一件極重大的問題·如果政府辦理不善，一旦成爲事實，那麽，我國文化前途，從此便不要想望絲毫進步·諸君也可知道這是什麽一回事？原來就是國際著作權公約·講起這國際保護文學美術著作權公約，從前曾由歐美各國，在瑞士京城訂定·現在法國政府，特訓令駐華法使，到我外交部；大致說：中法兩國智力上關係日益發達，深盼中國政府正式加入瑞士京城國際保護文學美術著作權公約·後來又遞照會；說：中國政府公布著作權法律，已引起本國政府特別注意·倘中國贊同勃爾遜條約，必能增加其世界上本應享有之道德上信用；且此贊同，尤能使兩國交誼益加密固云云·茲就記者箇人平心而論：著作權不能普通行使，在情理上固有所未合·但學術是公開的·何必一定要分別國界，各守疆域·講到我國，並非說一句頑固話，我國當周秦時候，一切學術，早已大放光明·不過漢以後，沒有什麽進步；而且現在世界新潮流日漸澎湃，我們不得不放大眼光，努力吸收·我國當此新文化初在發芽，好似一箇人呱呱墮地，能彀多吸收西方文明，拏來做滋養劑，不難立刻强壯起來·所以民國二年，美使向外交部交涉，擬援美日條約，商請訂約保護版權；當由外交部婉詞謝絕·民國三年，英美書商在滬設萬國出版協會，擬將所有出售之書，均向我國注冊，享有著作權，不許他人翻印仿製；也由我政府拒絕·照上兩次看，政府也知道我國今日情形，應當竭力輸入西方文化，纔可救濟·此番答復法使，當然照從前辦理·但是又一說：政府已允法使，就近在瑞士京城，派員商訂加入這種條約·那麽，我不能不說政府麻木不仁；自己不願上進，甘心做十六七世紀時代的人物·一般運動新文化的人，從此以後，如要翻譯外國書，處處受條約束縛；須得外國著作人及發行人許可，給他報酬，方可著手；要是他不允，我們便不能勉强，只好死守在故紙堆裏，依然尋那子曰詩云的生活，豈不可懼！我想政府決不致如此糊塗·不過記者還有一句話：此番拒絕法使，不加入國際著作權公約，乃是學術荒蕪時代，不得已的辦法·原來學術是要獨立的，創造的·不可專門崇拜他人，忘却了自己本來的優點·我們現在吸收西方新文化，須得和東方舊文化融會貫通；於是創造出一種東方新文化，輸到西方，實做到東西文化溝通的地步，這是記者所極希望的，願大家注意！

▲關於著作權之中法新文交涉

法公使近奉其本國訓令。向我國交涉加入瑞士國國際保護文學美術著作權公約事。法使曾到外部，實一度之磋商。當時顏總長曾於口頭駁覆。蓋以此事關係重大。復特咨各部。徵求意見。按著作之權不能普通行使。於情理固有未合。但我國文化初開。需各國新書甚急。若不能傳播，於我國文化前途。實多阻礙。茲將交涉情形。彙錄於下。俾閱者公判焉。

法使與顏外長之談話　十一月三日下午三時。法公使爲瑞士國際保護文學美術著作權公約事。昨到外交部。晤顏總長談話如下。柏使云。關於保護文學美術著作權問題。本國政府以中法兩國智力上關係。日益發達。深盼貴政府正式加入瑞士京城國際保護文學美術著作權公約。茲特備就照會一件，呈請貴總長查閱。顏接閱後，答云。中國兩國智力上關係。日見擴充。若中國人研究貴國文學。所需書籍，須在法國購買。於擴充兩國智力上關係。必多障礙。柏使云。前班樂衛君來京。其同行有馬爾敦氏。曾受法國大發行家之委託。來華與貴國發行家協商辦法。馬爾敦氏告知本使。曾與貴國大發行家二人。商議此事。頗表贊同。後因京畿事起。遂即中止。顏云。貴公使所云大發行家二人。不知係何人。柏使云。其姓名已記不甚清。似係梁啓超等。總之此二人與文學上甚有關係，顏云。日本何以並未加入瑞典國際保護著作權公約。柏使云。擬請貴總長對於此項問題。加以研究。俟下星期三。再來面談。俾得復告政府。

法公使照會之措詞　九年十一月五日。法柏使來照會云。爲照會事。查中華民國政府。對於學術及美術之著作權。爲建設法律上保護制度之勉力一事。本國政府業向本公使迭次表明其注意。夫中法文學之溝通。既屬蒸蒸日上。且中國出版者。對於法國之著作式編譯文詞。或仿效意義。其地位日加重視。職此之故。勢必致負有保護法國著作家權利之業務協會。顧慮及於中國所定之違法重作。學術及美術著作之限制。關於此層。在一九一五年十二月十三日所公布之中國著作權法律。已引起本國政府之特別注意。蓋其顧及法國著作家。令其能享有中國此等正式規定之權也。中華民國如此幸有之創舉。假足證明其誠願關於保護學術及美術現世公法所規定之處置。以合乎現時各大國之意旨。是以本國政府已視此等創舉。必需於理論上引導中國政府。正式贊同一八八六年。九月九日。保護學術及美術著作之國際條約。以爲繼續進行之手續。該約於一九零八年十月十三日。在柏林修正。並於一九一四年三月二十日。在簽押附件。補足約文。倘中國政府贊同條約。必能增加其在世界上本應享有之道德上信用。且此贊同，必能使其影響於現在貴我兩國自然結合智識上之交誼。益加周密。是則各方面前後。即能獲有最正當之實際保證也。茲將此項問題。特請貴總長查核。倘希將貴國政府對於本國政府此項提議。作何待遇之處。示知。以便轉達本國政府。實爲至荷。須至照會者。

外交部致教育部之咨文　外交部咨爲咨行事。准法使面稱本國政府以中法兩國智力上關係日益發達。深盼中國政府正式加入瑞士京城國際保護文學美術著作權公約。又准照稱中國政府公布著作權法律。已引起本國政府特別注意。倘中國贊同勃爾遜條約。必能增加其世界上本應享有之道德上信用。且此贊同尤能使兩國交誼益加固密。茲將此項問題。轉請查核。希將中國政府對於此項提議作何待遇之處。示知各等因。查民國二年美使曾到部商請訂約保護版權。擬援美日條約辦理。經本部以異日再行商議答復。民國三年英美書商在滬設萬國出版協會。擬將所有售出之書。均向我國註冊享有著作權。不許他人翻印行製。經上海書業商會稟請駁拒。又經貴部來咨。請設法駁拒。各在案。此次法使又來政府訓令。擬邀請我國加入保護文字美術著作權公約。究應如何辦理。除分咨內務農商兩部徵集意見。相應抄錄本部與法使問答一件。法使照會一件。咨請貴部查照核復爲盼。此咨。十一月十一日。

▲加入國際保護著作權公約問題　逸園

駐京法國公使照會北京外交部。略謂中法兩國智力上關係、日益發達。深盼中國政府正式加入瑞士京城國際保護文學美術著作權公約（詳本報第一卷第五十二期）嗚乎關於國際間學術制限之最顯著者。莫如文學的及美術的著作物保護同盟問題。在昔學術界、盛倡鎖國主義。既妨自國學術輸入於他國。同時又阻外國學術貫輸於本國。其後相互締結交換學術條約。如一八六一年中國與德意志關稅同盟諸國所結條約之旨趣者。彼此承認以本國語學爲他國學問之研究及授課。且公認書籍之買賣。迨至今日文化益形昌明。各國學術技藝。殆無不爲世界的。因而有著作權保護之必要。一九〇八年十一月十三日、萬國締結文學的及美術的著作物保護同盟條約。日本特爲加盟者。此也。

日本最初加盟於文學的及美術的著作物保護同盟條約。始於明治三十二年。其時以爲改正條約實施之交換條件。蓋日本乃文化後進國。所恃爲歐美學術傳達之資。無非假途於新書翻譯。及加入國際著作權保護條約。則向之自由翻譯歐美新書者。乃不得不受條約限制矣。故此方爲保護條約加入之準備。彼方卽爲改正條約實施之要求。國際間之均等利益。固有不得不如是者。

中國目前文化幼稚。以視日本明治三十二年時殆果若何。而法使乃以加入國際保護著作權公約相挾持。使援日本先例。提出所謂交換條件。則關稅改正問題。領事裁判權撤銷問題。辛丑和約修改問題。均將以次先得法國之允許。而我爲維持國際體面起見。遂亦不得不有保護同盟條約加入之準備也。若僅執一九一五年十二月十三日北京政府所公布之中國著作權法律、以爲口實。則未免近於夙昔之鎖國主義矣。嘗謂世界文化昌明之今日。而尙抱守鎖國主義乎。此吾人期期以為不可者也。

雖然、中國百政不舉。無可諱言。關於文化事業。尤形廢弛。以神州之大。無一大學。即無一高等學問研習之所。固有之文明。且日即於淪亡。而輸入之文明。亦扞格不適用。吾人不僅此時否認國際著作權保護條約之加入。實為中國文化前途悲也。噫嘻。

國際版權同盟

端六

閱報。有中國將加入國際版權同盟會議之說。此事不利於我國。人人知之。然國際版權同盟約章內容恐有不深悉者。茲特摘其有關於我國將來之文化進步者略述之。

一八八六年國際版權同盟 (Union internationale pour la protection des oeures littéraires et artistiques) 第三次會議。在瑞士之柏龍 (Berne) 議定約章六條。一八九六年有巴黎宣言。一九〇八年又在柏林修正。全案計三十條。其要點如左。

第二條解釋 Oeures littéraires et artistiques 之意義。將文學、科學、藝術上之書籍、小册子、及其他一切書畫彫刻之件。均包含在內。

第七條保護著作權之年限。為著者之生存年齡及其死後五十年。

第八條凡未出版或第一次出版之書。非經本人特許。不得在版權同盟任何國內翻譯。

由上述觀之。則中國若以無條件加入版權同盟。目前殊為非計。日本之加入。為一八九九年。在第二次約章修改之後。第三次柏林會議。列席者十五國。而不用保留批准 (Ratification without reserve) 者僅八國。用保留批准者四國。日本亦在其內。未批准者三國。故其對於版權同盟會之義務。仍為一八八六年之柏龍約章及一八九六年之巴黎宣言。

今閱各報對於此事均非常反對。其實未免太缺分寸。版權同盟所保護者有兩種。(一) 各種著作之重刊。(Reproduction) 譬如一書在英國出版者不能於著者生存及其死後五十年內在版權同盟內無論何國翻版。(二)各種著作之翻譯在第一次刊行後有與上同樣之被保護權。關於第一種之保護。我國自可同意蓋翻刻西書之事。不僅道德上所不許。且亦無利可圖也。最要緊者爲第二種之保護。然版權同盟約章。亦如國際條約。不經各國正式法律手續批准。不生效力。故我國雖派人與會。並不卽時發生危險。此我輩所當注意者一也。且派員與會。亦可用保留簽字之法行之。對於翻譯一項。儘可保留自主之權。日本卽其一例也。此我輩所當注意者二也。有此兩種保障。不得謂一與聞版權同盟卽爲『文化封鎖』之始。我國苟欲於世界政治占一地位。對於此等公共事業應積極的干與不得終世處於消極地位也。

國際版權同盟與中國

武堉幹

現在有許多人以爲：「中國若果加入國際版權同盟，便是中國文化封鎖的起點。」我看這話容或有過火的地方，所以拿出這個問題來討論一下。當沒有討論之前，有兩件事情我們應該要先曉得的，便是：(一)版權的性質和基礎。(二)國際版權同盟的由來和經過。這兩件事情都曉得了，纔好拿中國的現狀，參着世界潮流的趨勢，來求一個解決方法。現在我就一項一項的說來。

一　版權的性質和基礎

說及版權這個名詞，本來還不足以包括原來的意義；因爲英文的 Copyright in works of Literature and Arts 和法文的 Propriété Litteraires et Artistiques 都是連文藝學術和美術等範圍內的著作物，一概包含在內。日本從前也是譯作版權，後來因爲意義太狹，便於明治三十二年，用法律改名著作權。不過我國既已習用「版權」的名稱，而我現在所注重的也是偏於「學藝的版權」(Literary Copyright) 所以還是沿用「版權」這個名稱罷！

版權在法律方面說是「凡屬於學藝和美術等範

圍內的著作物,他那翻印同翻譯的權利,(Right in re-production and translation) 是屬於著作人,(Author) 或承讓人(Consignee)的一種專有的財產權。」詳細說來因爲學藝美術等著作物,都在版權範圍之內,所以文書演詞戲曲樂譜以及圖畫彫刻照相等都可作目的物。翻版出售,翻譯,或教人翻譯的權力,因爲屬於著作人的專有財產權,所以拿來讓給別人,也無妨礙;就是拿來承繼,也都可以的;又因爲這種權利,是專屬於著作人的,別人自然不得加以侵害妨礙。

照上面看來,版權的性質,是含有一種專利的意思。他的基礎,是從甚麼地方來呢?英國的 Blackstone 說:是由於勞力和創造;洛克(Lock)也說過:據有這種權利,是由於個人的勞力。我現在詳加分析,却有下列四個基礎:

第一勞力說 這說以爲版權的基礎,是由於著作人對於他的著作,用了一番勞力所結的果實。這是由著作人主觀方面立論的。

第二創作說 這說以爲版權的基礎,在於保護創作,這一點著作人不外是創作人。給一張圖畫,固是創造能力的作用;著一本書也就是創作能力的發展;所以這種創作能力的結果,他人不得模寫複製,這纔算是保護創作的道理,也就是版權由來的一個基礎哩!

第三報酬說 這說以爲版權是拿國家對於著作人的報酬爲基礎。——他的意思,是著作總是有益於人的東西;所以國家就立一個法律,拿版權這個權利作爲報酬。這是就客觀方面立論的。

第四人格說 這一說以爲版權的基礎,是在保護著作人的人格。——他的意思,便是著作不過爲著作人思想的表現,思想和人格,是有密切的關係,不能分離的;假若准別人剽竊妨害,便是對於著作人的人格，加以損害；所以爲保護他的人格起見，許他一種「版權」的特別權利。

上面四說，都是各有各的理由，我們現在也可不必加以評論；但是版權在法律上的根基，經上面的各種證明，也可算得穩固了。

二 國際版權同盟的由來和經過

國際間所以有版權同盟，不過各國版權發達的自然結果。我們從歷史上觀察，今日許多私權，多半淵源於羅馬法；獨有版權這項，卻不然。希臘羅馬，在上古的時候，雖然各種著述和美術彫刻樂譜種種，都富於創造的能力，不過模寫複製，卻不容易；所以於創作人的權利，沒多妨礙，也沒有保護的必要；版權在法律上，自然不能成爲一種特別權利。到後來中世紀，印刷術發明以後，模寫複製都容易了，侵害著作人和出版家的權利底事實，也一天一天的多了；這時候纔有版權的發生。自從法律上發生了版權之後，範圍也就慢慢的擴張發達，結果纔到了國際版權同盟的地位。我們爲便利起見，可以把他分作三個時期：第一期爲特權時代。這時期正是印刷術發明之後，大家爭着翻印書籍，國家爲使原出版家享充分的利益起見，便把出版的特許權給與一定的出版家，像英國當時，把印刷各種文件和聖經的權利，專給與皇家印刷業，同牛津（Oxford）劍橋（Chambridge）幾個大學校，便是一個例子了。這時候的版權，簡直和今日的專利全沒分別；只注重幾個出版家；對於著作人的保護，都還不在意哩！到後來纔慢慢地注意著作人的保護，這便到了第二時期。——權利主義時期——到了這個時期，國家便完全採用保護著作人主義，保護著作的結果，就極力禁止模寫複製；這要比第一期保護加厚好多了。像英國一八四二年的「版權法」(Copyright

'Act) 那緒言中便宣布他的目的，是在獎勵「裨益世界之永久著作物，」(Literary Matters of lasting benefit to the world) 也是一個好例證了。這個時期，文明各國差不多都是承認這個版權的了；不過有一個很大的缺點，就是在一國以內固然能夠禁止別人對於著作人的權利不加妨害；但是到了外國，他要妨害你的版權，就無法可想了。於是各國便發生了「版權保護要亙於世界」的思想，這便到了第三時期——世界權利時期了。

這個時期的初頭，也只有幾個文化較爲開明的國家，訂結條約保護雙方國的版權權利；不過他的拘束力還是有限的很，只能行於訂了條約的雙方國；條約以外的國家，他要複製模寫來侵害你的版權，也終莫可如何。這時候大家纔想由世界各國相互間締結條約，來充分保障各國的版權。首先便由英法等國發起聯合世界各國的學者，組織一個國際學藝美術協會；後來再進一步，便於一八八六年九月九日在瑞士國的伯龍(Bern)開一個國際會議。世界文化史上有名的伯龍約章(The Bern Convention) 就於這一天成立，國際版權同盟便算告成功了！

這次與會的各國有英國，比利時，法蘭西，德意志，意大利，西班牙，瑞士，里俾利亞，吐尼斯(Turnis,)海地等十國。奧匈帝國是後來同英國交涉，於一八九三年加入的；當時在歐洲方面所堪注意的，便是俄國同荷蘭也沒有加入。

一八八六年的伯龍約章，有二十一條，附屬終局議定書六條。條約裏面要算前頭六七條要緊些；後面是說些變更組織和加入同盟及脫離同盟的事情。現在且把頭幾條要緊的說說：第一條，這一次組織同盟的宗旨，是締盟各國要互相保護關於學藝美術等著作物的著作人之權利。第二條說同盟國中任一國的著作人或承繼人，對於其著作物，不論已經出版沒有能够在他同盟國中享受其現在給與及將來給與的版權權利，和他本國人一樣；不過享有這權利的人，要先在原來的國家履行了各項法定手續；並且在他國所享的權利，須要不超過他那原來的國家爲原則。第三條說出版家也能適用上條的規定。第四條便是因爲學藝美術的範圍甚廣，所以連書籍，小册子，各種文告，劇本，樂譜，圖畫，油畫；彫刻，銅版，石版，地圖，考案，模型，照相術，都包括在內。第五條是說著作人及其承繼人，於其著作出版後十年內在那同盟各國中享有翻譯和永許別人翻譯的特利。第六條是說適法的翻譯，也許他和原著作物同樣的保護。

這次的條約第二年（一八八七）各國方把批准交換證書，按着條約的規定，交給瑞士政府管理，便算生了效驗；至於約章內面，還有少許節目，不關大體的地方，雖不妥當，到了一八九六年，在巴黎又開了一個會議，加以修正；並且作成了巴黎解釋宣言書。以後陸續加入同盟的便更多了，像盧森堡(Luxemburg)摩納哥(Monace)門的內哥羅(Montenegro)挪威日本等小國，也都加入了。後來到了一九〇八年時節，各國又在柏林(Berlin)開第三次國際會議。這次修正的全案有三十條。最要緊的，把版權保護的年限也定一致了——就是以著作人的生存年齡和死後繼續五十年爲限——這時候列席的，有十五國。不用保留批准的(Ratification without Reserve)有八國；用保留批准的有四國；沒有批准的有三國。保留批准是怎樣呢？便是按照一八八六年約章的規定，說本條約係以合意而定，不過各國中尙有不能屬於公有的著作物的時候，可以適用保留條件，保有他自主的權利，來保留批准；那末，對於版權同盟會的義務，依然是前次一八八六年的伯龍約章，和第二次修正的巴黎解釋宣言書。

上面便是歐洲各國經過的情形；至於美國的關係。怎麽樣呢？美國在一八九一年以前，那版權條例只適用於美國國民同居留人和國際上，倒沒生多大關係。自從一八九一年，制定了版權法之後，便依着這個法律和各國訂立雙方履行互益的條約。當年便和英國比國瑞士訂了互相保護版權的約；第二年（一八九二）便同法國意國；以後便挨次同丹麥瑞典西班牙葡萄牙墨西哥各國，都訂了互允保護的約，一直到了一九〇九年，美國的版權法完全修正之後，便照着伯龍約章，加入版權同盟保護的活動了。

三　中國加入國際版權同盟的關係

國際版權同盟，本來具有一種國際間交互權利保護的性質，這是上面所已經說過了的。我國在國際上訂立條約，交互權利，向來是很少的；就是版權保護這件事，也只有和美國和日本，曾經訂過了約。那是在一九〇三年，中美條約，互允保護專利及版權（見中美條約第十條及十一條），以及同年中日條約，互允保護專利及版權（見中日條約第五條）。這兩件事，纔算和外國有版權交涉之始；不過訂立這個條約時候的目的，還是偏重外人一方面的利益罷了。一直到了去年，報上又有各國要求我國加入國際版權同盟的消息。國內的輿論，對於這件事，多半持反對的態度；不過他們反對的根據，却有兩樣：有一派，是就事實上反對加入的；有一派，是就理論上反對加入的。

第一派反對的理由，以爲中國在這個時候，學術幼稚，科學沒有發達，翻譯外國書籍，是一種必經的過渡階級；若加入同盟，翻譯事業便要受限制，這豈不是對於我國文化的前途爲封鎖的起點麽？

第二派反對的理由，便是根本上否認版權的存在，那就連版權同盟都不成問題了。他們的根據(1)從學術的本身講，不應當有什麽版權。——這是因爲學術本是人類公共的東西，甚麽人都不能據爲私有。——(2)從中國底習俗講，不應當有什麽版權。——是因爲中國向來沒有版權這個東西，所以能夠自由翻印，雖是極貧寒的子弟，都有得到讀書的機會；若是承認了版權，便是求學受限制了！

上面兩種論調，表面看來都具片面的理由；不過仔細考察，第一說的危險，是有法子免掉的。加入版權同盟，是一件事情；條約實施，又是一件事情。不是一加入版權同盟，就是進了拘束的圈子，生不生拘束力，是看批准怎樣。我國若以爲翻譯的事，對於我國有特別關係，儘可照約章上的保留條件批准，保留我國有自主的權利。像一九〇六年柏林會議，保留條件的批准有四國，日本也是其中之一，便是一個例子；再不然的時候，加入之後，果真有不利的地方，也可以遵照約章上規定脫盟的手續脫盟就是了。

也是做得到的事。

至於第二說的意見，他既然根本上都不承認版權，那就版權同盟簡直不成問題；不過我們處在這個時候，能夠真的承認廢除版權麽？廢除版權，是一件可能的事情麽？這是不能不加以研究的。

版權能夠在法律上成爲一種特別權利，自有他的根據，這是我上面所說過了的；他在私法範圍，是一種財產權，那便同普通的所有權的性質是一樣的。我們現在能夠廢止所有權麽？我怕無論什麽人都要說時機還未到呢！況且版權也不能專指學術方面說，連美術範圍內的著作物都包在內；看來同意匠，特許，專利等權，都差不多；又版權適用的範圍，也不只著作人，出版家也包括在內；那麽隨便廢止，恐怕也不是持平的道理哩！

至於說中國古來習俗，沒有版權，書籍能够自由翻印，書籍的價錢也就便宜，這未免沒有就事實上考察了。版權的發生，在印刷術發明以後，這是就歷史上證明過來的；我國從前印刷不發達，在法律上，自然沒有生版權的問題；這和歐洲各國，都是一樣。若以爲有了版權的保護，書籍的定價過昂，便歸咎在版權制度身上，那是不對的。我們要免掉這種弊病，除非改良版權法。從前一七〇九年，英國的最初版權法，那第四條上面說：「無論何人，覺得一書所定的價錢貴到不合理的時候，可以申訴於倫敦大主教，Canterery 大主教，大法官，司法大臣，牛津和劍橋兩大學的副校長，和愛丁堡大學的主任，他們都可以重新規定書籍的價錢。」這種事實，我們也應取法的；我們也可以藉國家的力量，或者公共機關的力量，來抑制那種居奇的高價出版物；這是於學術的發展上面，很有關係的事情，我們應該要努力的啊！

以上不過我對於現在反對加入版權同盟的一點意見，至於版權同盟，到底是應不應該要加入呢？我從各方面觀察，是應該積極加入的。現在且把我的理由略說一說：

一，就文化運動上面觀察，我國有加入的必要，這可以分做兩層說明：第一層加入同盟，對於世界新文化輸入運動，越發便利；因爲我國學術不進步，「故步自封」是一個大原因；對於世界上的學術團體，從來沒有聯絡的關係；學術原來以比較證驗纔進步，現在既然沒有聯絡，比較，那得有進步哩？假使加入同盟，那約章上定得有國際事務局的設定，專以調查或報告世界上的學術重要消息，來作各國文化的幫助。這豈不是於我國輸入文化運動有利益麽？第二層就我國的固有文化宣傳運動說，也有利便之處。我國科學藝術，雖不如人；然而東洋系的精神文明，自有他那特色的處所；何況歐洲大戰以後，物質主義的文明告終，新文化主義的精神，尤其貴要高尚的精神文明，來相調劑；他們歐美人常常誇口說武力財力文力都能夠征服世界，這個文力自然是文化活動的勢力。我們常聽得 Americanize 和 Europeanize 的字眼，心中要作甚感想呢？假使我國加入同盟，那末我們也可借國際保護的力量，來努力宣傳我國的文化，這不僅是國家體面的關係；照人類的責任說，也是應該的啊！總而言之，文化運動的範圍，不過提高和普及；提高是縱的，——增加程度的問題；——普及是橫的，——擴張區域的問題；——我國加入同盟，這兩件事情都容易做了。

二，就國際地位上面觀察，我國有加入的必要——我們都曉得在國際上面佔優越地位的國家，什麼事都容易比別人占便宜；別的且莫說，只看中國從前和外國所訂的條約，何嘗沒有互用最惠國條件 (Favoured Nation Clause) 的規定；到底平等的話，是假的；我國所受的待遇，比什麼國都不如。法學家都說這是由於國際上地位的關係。這就是一個例子了。

要國際上的地位加高，現在也不限定要武力比別國强，只要對於世界上公共的事業肯努力，便能夠的。日本不比我國强得多嗎？去年（一九二〇）一年，還是努力於什麼國際辨護士會啦，國際教育聯合會啦，由他們國內的學者發起，熱心到了極點。問問他們的目的，不過表示他國家內面的法律進步，教育發達罷了；而其終究的目的，實在想增高他那國際上的地位。日本既然這樣，我國國際上的地位較上日本怎麼樣？對於版權同盟，這種人類公共有益的事業，應該旁觀的麼？我還記得二三十年前世界的法學鉅子，像 W. E. Hall. 和 T. E. Holland 一般人，還說中國是沒有法律的，都不肯承認中國在公法範圍內；後來海牙會議，算中國取得國際上的地位的起點；到了一九〇三年保和會議，中國在國際上的地位纔不成問題了。現在像國際版權同盟這樣的事體，都不肯加入，便是連歐洲那些加入同盟的小國都不如了；我怕也是一件可羞的事情啊！

三，就世界潮流上觀察，我國有加入的必要——我們從歷史上觀察，已經知道國際版權同盟不過是權利思想擴張自然發達的結果。我國的版權思想，雖然較之別國稍遲一點；然而從一九〇三年和美國日本等國，訂立互允保護版權專利條約以來，國內的著作家出版家數目的加多，也便是版權思想進步的一種證據。版權思想既然一天一天的進步；那末由國內擴張到國際間，要求國際間保護，也是一種自然的趨勢。美國在一八四三年以前的情形，正和中國差不多；到了一八八六年的時節，國會裏要求關於國際版權同盟的議案，有十二次之多；臨了終由著作家版權同盟 (Author's Copyright League)和美國出版業協會(American Publisher's Society) 的努力運動，終達到國際間保護的地位；現在我國版權保護要求的思想，既一天一天進步，那末照先進國歷史演進的自然趨勢走，是免不掉的；雖眼前沒有要求加入，終久是要加入的。更進一步講，像中國這樣學術幼穉的國家，要想增進文化；獎勵著作家擴充他的保護權利，也是一種頂好的促進文化的政策哩！

上面不過就過去的事實推演；就是拿現在世界上的最新潮流來考察，我看也應當加入的。去年（一九二〇） 國際聯合會在比京開第三會議的時候，那第四股的決議，便認定要求國際聯合會的發達，便應該先把普通國際間的關係聯貫一體——就是不但政治經濟的關係，世界各國要聯絡一起；智識學術文化方面也應一樣；這種國際的趨勢，以歐戰之後越發進步的快！政治方面最顯著的便是國際聯盟，婦女勞動，財政，經濟方面更不消說；就是文化方面像什麼「智識階級的聯合」啦，「世界文學者聯合運動」啦，「國際大學的聯合」啦，也都轟轟烈烈的運動；至若國際版權同盟，那更是舊事重提了。我們看看這種情形，差不多都有由國家主義(Nationalism)向着國際主義(Internationalism)，和世界主義(Cosmopolitanism)走的傾向；我國既然是國際間的一員，那麼縱不想出什麼色，也應該合着時代的精神來求和環境適合，(Adaptation to Environment)纔不至流爲時代的落伍者啊！以上不過就我意想所及，拉雜寫出來；這個問題很關重大，不對的地方，還是盼望海內的明達指教罷！

中國之著作權法

上年英商公會聯合會開會時。曾通過一議決案如下。『按之上次會議中所通過之議決案。曾有勸請中國建立著作權法之主張。本聯合會現願表示意見。再向中國政府陳述聲明。勸請中國政府加入一千八百八十六年九月九日德、法、意、國法國亞意底意大利西班牙瑞士笛尼細牙等國在倍納所締訂之保護著作權之同盟』。當聯合會議決此案時。曾經相當之討論與調查。因此有若干之事實。前此不甚明瞭者。皆經調查較爲明徹。本年英商公會聯合會開會時。對於此一問題。仍將提出討論。故以上年調查所得之結果。撮要述之如下。不無有所裨助。惟是此一問題複雜之甚。進而爲其調查。頗不易於周全。下文之所述者。亦復不能完備耳。

第一。中國是否有著作權法。是爲公衆所常發之一疑問。其答語可以應之曰。有。在前淸宣統二年間。中國之著作權法業已公布。民國四年十二月改訂之法。又經公布。而實則與舊法少所異同。五年二月二日。又增入數條款。此法對於英國及其他諸國之僑民僅以中國曾與其國有相互之協定者爲限。乃與之以保護中美兩國。按之一千九百零三年中美條約之第十一款。曾有如是之相互協定。然其性質極有限制。原文如左

「無論何國若以所給本國人民著作權卽版權之利益一律推行於美國人民者。美國政府亦允將美國著作權法之利益給與該國之人民。中國政府今欲中國人民在美國境內得獲著作權之利益。是以允許凡專備爲中國人民所用之書籍地圖印件鐫件或譯成華文之書籍。係美國人民之所著作或爲美國人民之產業者。由中國政府援照所允保護商標之辦法及章程。極力保護十年。以註册之日爲始。俾其在於中國疆域之內得享印售此等書籍地圖鐫件或譯本之專利。除以上所指明各書籍地圖等件不准照樣翻印而外。其餘皆不得享此著作權之利益。又彼此訂明不論美國人所著何項書籍地圖可聽華人任便自行翻譯華文刊印售賣。凡美國人民或中國人民爲書籍報紙等件之主筆或業主或發售之人。如各該件有礙中國治安者。均不得以此款邀免。應各按律懲辦」

英國對於中國。全無上述之協定辦法。故在華英僑之著作權。倘爲中國人所侵害。殊不能於告訴。此項地位。宜若何以救濟。是爲一種問題。中國著作權法誠有未能令人滿意之處。勸請中國改良著作權法。藉以保護英人之著作權。更由中英訂立保護著作權之條約。彼此互任保護。此一法也。又按照上年英商公會聯合會之所建議。勸請中國加入倍納締訂之國際保護著作權之同盟。亦爲一種辦法。蓋中國苟經加入此項同盟之中。則在中國人民侵犯締訂此同盟諸國人民之著作權時。中國法廷。卽負有依法究治之義務也。

倍納盟約之第一款云。凡締訂此同盟之諸國。對於文學及美術之著作權。皆允擔任保護。又第二款云。凡締訂此同盟之諸國。對於下列各種之著作物。皆認其爲應受保護。

假令中國之著作權法。能按上所述之條款。從事改訂。則英人之著作權。自可依此法而受保護。中國人民對於英人之著作權利自亦不能侵害矣。

雖然。欲求英人之著作權。在於中國。受完全之保護。斯固非上述辦法所能滿意。就此一點論之。上年英商會聯合會所議定者。尙有不足維持之處。蓋按之現在之情形。中國卽從英人之勸請而加入於倍納同盟之中。對於盟約上所規定者。實際上仍難完全施行。質言之。中國加入此盟約後。日本人在華有侵害英人著作權之處。按之盟約。雖應爲其保護然以中國對於日僑無審判權之故。實際上固莫能施行也。

總而論之。就著作權之保護而論。英人在華所處之地位。誠可謂爲特別之弱。蓋英國之於他國。大抵皆已有相互之約

定。擔保英人之著作權在其國內。不致受有危害。然據本報所知。他國人民。在華而有侵害英人著作權之事。英國則與之無相互之協定。藉之以爲保護。一千九百十一年之英日通商條約。對於此項保護。固僅約定以締約國之領土內爲忌。此爲吾人之所同知。然而解釋此約之真意。亦有大可疑惑者在。蓋按之本約第二十四款之規定。有最惠國待遇之一項。英人本此最惠國待遇之權利。對於日本與美法所訂保護在華著作權之合同。能否要求適用此。固一疑問也。

凡留心此一問題者。當知英美煙公司之更納特君。一千九百十九年七月在上海之中國廣告俱樂部中。曾有一著名之演說。其涉及保護商標之問題者。如下。

英國與他國有作相互之協定。互約保護在華之商標者。惟與日本。則未嘗有此協約。英國對於日本。前曾作締此合同之請。然未能得日本之同意。此爲吾人之所共知。關於此事。有一最有興味之問題。卽日本與英國。雖未嘗有保護在華商標之協約。日本與美國。按之一千九百零八年之條約。則曾有此協定。請述其條文如後。

第一款　締約國一方之人民。既以其發明權意匠權商標權在他一國該管官廳註册登記者。他一國應禁止該國在華僑民。不得盜用仿效。此項保護辦法。應全仿照在該國領土內之辦法辦理。

第三款　締約國一方之人民。如有仿效侵害他一國人應受保護之發明權意匠權商標權著作權者。受損害之一方。有權向其國之地方法庭或領事法庭請求理直。與其本國之人民同。

一千八百九十四年。英國與日本所締訂之通商條約中。有一條款如下。締約國之雙方。同認凡有關於通商及航行之利益待遇。締約國之任一方前曾許與或後將許與於他國之政府、船舶、或人民者。應直接推及於締約國他一方之政府、船舶、及人民。不加條件限制。本約特立此條之意。卽在締約國中彼此關於通商及航行上一切方面所處地位。皆應與受最惠國待遇者之地位等。

觀於上述之美日英日條約。所當發生之疑問。卽美國商人之商標。在華既有受保護而禁止日人仿效之權利。英國商人能否以此類推享而受此權利是也。按照倫敦方面明白於國際關係者之解釋。則以爲此項權利。非英人所能類推而享有也。

就上所述者觀之。英國商界對於保護著作權之一事。果宜取如何之方法爲至當歟。第一步之辦法。似在勸請中國政府俾其修改現行著作權法中之某某條款。更作明白有力之規定。然後再與中國商訂保護著作權之條約。能如此。則華人侵害英人著作權之事。似可因而禁止。惟他國之人。在華損害英人著作權之事。則須另籌他之制止方法。欲達此項目的。似非勸請各國同皆與中國締約承認中國著作權法之各條款不可。然而保護著作權之問題。正與保護商標之問題同。各國雖訂此約。實際上恐仍難免發生窒礙。蓋各國人民之僑居中國者。皆受審判於其本國法庭。如此。則須以中國著作權法與商標法推行於此等法庭。乃可。舉例言之。如英國人民。按照中國所發布之著作權法與商標法控告日人之侵害其著作權與商標權。須控告之於日本法庭。斯誠不無窒礙。而銷除此等窒礙之唯一方法。則惟有列強相互約定。對於因著作權或商標權而發生之訴訟。皆取消治外法權。而由中國法庭承辦是已。

◎我國拒絕加入瑞京版權公約

前北京外交部國際聯合會辦事處來函・邀請我國加入瑞京版權公約・當由部將來函及附件交由北京內務部核辦・以憑見覆・茲經內部會同教育當局再三考慮・仍以我國文藝美術尚屬幼稚・取資於外人之處甚多・主張暫不加入・以免束縛・業經函覆外部・以錄原文如下・逕復者・准函開准國際聯合會代表辦事處函開・准聯合會秘書廳函稱・國際智育互助委員會・為使多數國家保護美術及文學上所有權起見・提請各國尚未加入瑞京版權公約者從速加入・因是本秘書長特請貴政府對於加入該項公約之事・加以考慮・並將來電連同附件送呈查閱辦理等因・抄錄原件・附以譯文・函請查照核辦見覆等因到部・查關於加入國際聯合會保護文學美術等版權公約一案・民國二年・財政部以版權載在商約・請本部迅速籌備・以為免厘加稅之預備・當經本部對於國際版權之關係擬具意見書・主張不加入萬國同盟・函覆財政部・民國九年十一月・准貴部咨開・法使奉政府訓令・擬邀請我國加入保護文學美術著作權公約・本部復以我國情形・尚多取資於外國之文藝美術・不宜加入萬國同盟・以自束縛・咨復貴部・并准教育部覆稱・以各國加入保護著作權・必其國家文化相等・方有利益・請查照歷屆成案辦理等因各在案・茲准前因・揆之我國現在情形・文藝美術尚多取資於外國・似應仍照從前主張・暫不加入・除分咨教育部外・相應函復貴部查照婉達可也云云・

稿費

著作家之稿費。出版界操縱之。中國各項稿費。除特著或徵文外。大率每千字自一二元至十數元而已。可云廉極。日本稿件之稿紙。有規劃一定者。每頁四百字。稿費自十元迄二十餘元。則每千字有二十餘元至七八十元之譜。而英美則更有十百倍於此者。美國普通文件論字數。最低者每字二分。其他則均論篇幅。

徵文則中國最高至百元。從無千金以徵一文者。英美等國有數千以至數萬金而徵一數千百字之文稿。於是投稿者多而名著佳作具矣。英人不好著作。而所著者大抵名貴。美人好多著作。而所著者優劣咸備。非謬論也。更有進者。英人所著偏重實際考據。美人所著偏重理想意見。然著作之爲社會重視則一也。每一篇出。動輒銷數萬。因之書坊有利可圖。而稿費乃不惜遞加。要之此區區之稿費增減。亦視其國民教育程度之何若而定。

一九二二年八月。某大書肆與前英首相勞合喬治訂定所著筆記。出稿費至九萬磅之鉅。（每磅合華幣十元）喬治初索十萬。訂約時第一章尙未成就。稿費之巨。無出其右。喬治前之英首相邱吉爾之筆記。得費五萬磅。實則文筆遠勝喬治。其『河戰』『文傳』二書。素負世界盛譽。

二十世紀第一怪傑前德皇威廉二世作筆記。由美國麥克冠公司出稿費五萬磅。（該書已由王揖唐氏譯成華文曰『前德皇威廉貳世自傳』商務印書館出版。）已故英相愛司葵司。其夫人爲亡夫作傳。得稿費二萬磅。名伶廿貝夫人之傳記。亦得費二萬磅。維多利亞時代之大歷史家麥克扣來之『英史。』歷時七載始成。得費亦二萬磅。書出十星期。已銷二萬六千五百册。又摩里公爵著格蘭使頓傳。得費一萬磅。大小說家赫金生之『如冬來。』得費七萬磅。他日排劇或採爲電影脚本時。尙可有一筆入款。又英國名小說家著作家司各脫之『拿翁傳。』稿費亦二萬磅。美國名小說家兼諧詼家馬克吐温。前後稿費達二十五萬磅。法名作家大仲馬有若干年硯田收穫。每歲至二十五萬佛郎。（法幣）然以任意揮霍。卒至貧無立錐。又法國小說名家囂俄之 Les Miserables 一稿。得費一萬六千磅。然耗心血亦十餘年之久。凡此種種。皆稿費之最高者。至若美國某劇作家。其劇稿例以每字美金十元計算者。更毋論矣。

著作人所得的稿費

羅漢素

今年「小說月報」第一期文壇逸話有宏徒君的「文豪所得的稿費」一則：

美國的短篇小說家阿倫坡(Allen Poe)一生都在貧困中度日享盛名後雜誌社給他的報酬，每頁還不到三元。他三十二歲時寫給友人的信中曾說，「我不要多的錢，只想做一年有五百元收入的工作。」他的傑作長詩烏雅，發表在美洲評論(American Review)上，僅得到十五元的稿費。

歐文 Irving 的傑作見聞雜誌 Sketch Book，第一版賣了六百塊錢。司吐活夫人(Stowe)的黑奴籲天錄，可算是十九世紀的一篇傑作，也只賣了三百元。

稿費貴的如但尼生(Tennyson)的詩海之夢一行十磅。可是密爾頓的失樂園，到他死後，合計也不過只得十八磅的稿費。麥考萊著英國史，據說得了十萬元的報酬。

吉卜林(Kipling)得名後，他的稿費漸漸增加，一語一先令，總算闊綽的了。

看了使我回想起「現代評論」第一卷六十五期西瀅的「閒話」裏所說的話：

做文章應當受稿費，是我素來的主張，可惜事與願違，在北京也不得不做「言不顧行之人」了……我回中國後，在文字上得到的數目，統共有六十七元，都是晨報之賜，……前天在北海遇見某大報的大主筆，他說：『不用拉車吧。你代我寫你的閒話，我給你三元錢一篇。』這多大的誘，我的確有些心動了。…』

據人家的傳說周作人的「自己的園田」，翻印了九版，共收到書局四十元錢。黎明在京報副刊上發表了二十萬餘言的小說，收到筆墨費大洋五元正。——或者這是流言，請二君自己來更正罷。

有十八年歷史的某月報的編輯，一天我無意間起他稿費的數目，他說，平均創作每千字最高五元，翻譯三元，他自己的稿子有時每千字也只拿到二元。

中國當今的大文豪梁啓超胡適之二氏賣文最高價額爲每千字二十元。因此有人說他們都是所謂「二分文學家」「二分文學家」的典故出於「東方雜誌」第二十二卷第二十一號新語林W生的「一元哲學家與二分文學家」一文。

除了那二位「二分文學家」之外，其次就要輪着「五釐作家」了。這一流的作家當然也不很多，就我個人所知道的在翻譯界徐炳昶等譯的一本「你往何處去」共收得八百元錢，平均五元錢一千個字，那是商務印書館老板的一種特別優待哩！……此外我可不知道了。

「現代新文人中之最得時最顯赫最躊躇滿志」的郭沫若，據五月二日時事新報「青光」皇皇的「郭沫若飛黃騰達」所述：

郭氏返華後担任泰東圖書局編輯，月無定薪，泰東主任頗有憐才好客之心，每有所需，輒視力所及，無不應命，郭氏偕妻及子女促居哈同路民厚北里，其同志成仿吾亦同居焉。室中除破書爛紙外，別無長物。餐時無肴，以辣椒炒黃荳佑飯，米惡劣不能下咽，其含辛茹苦，有若是者，然氏奮力筆耕，偶有所得，必呼朋喚友，酗酒冶游，肆行揮霍，傾刻而盡。

泰東生意有限，所獲無幾，供養文士，心有餘而力不足，於是招待稍形竭蹶，受之者頓覺禮貌漸疏，日久漸不相能，郭氏遂退出泰東關係，創造社出版部之設於斯觀成。而筆墨生涯，終難自給。

在「東方雜誌」第二十二卷第五號上，有從予的「小說家之財產」，調查很饒興味，可以對照一下：

文人生活本來是非常清貧的；但英國海洋小說家康拉特自去世後，總計遺產竟達二萬零四十五磅。最近倫敦公論報（Public Opinion）因之特將歷來著名小說家的財產列表以資比較，爰錄如下：

Charles Dickens	£ 80,000
Charles Garvice	71,000
Miss Braddon	68,112
Mrs. Florence Barclay	33,749

W. D. Howells	33,000
George Meredith	32,000
Miss Ednea Lyall	25,338
Miss Craigie	24,502
Miss Marie Corelli	24,076
Manville Fenn	11,849
Mrs. Humphry Ward	11,308
Miss Rosa N. Carey	10,991
George Gissing	1,053

抄完了，真覺得感慨無窮，只有嘆聲氣能『咳!』

◉日人爭遠東著作權

東京通信，日本印刷業者已聯名向政府請願，要求於重訂國際版權法規時，不得任外國著作者之權利，高出東方著作人所應得之權利，因明年國際版權會議，將於羅馬舉行，日人謂赴會前之籌備，已聯合全國各書報界，及著作界之領袖，於取得各方之同意後，將保護東方人之著作權，於此次國際會議內，必使遠東各國著作界之權利，不致失掉，故現日本全國雜誌發行人協會，東京發行人協會，及東京書商協會等，已聯名向政府提出請願，要求於此次國際會議內，對以下兩案不得修改：

一，著作權應在著作者故後十年消滅。

二，版權期間內翻譯權至多不得逾十年。

關於第二項實與遠東各國著作界有重要關係，因近年來翻譯之工作極盛，歐洲文化之能有供獻於遠東者，全恃翻譯之能力，日本發行人所以力爭縮短版權及翻譯權年限者，其理由在其翻譯之困難，實不減於原著人，譯筆之佳者，其應享之酬勞及受政府之保護，亦不應小於原著者之權利，但聞下屆國際版權會議中之重要議案，即係將版權之期間，於著者死後展長三十年及五十年不等，又翻譯權亦再展長十年，果上二案通過，則於東方著作界發生重大影響，故遠東人士，亦起而力爭云。

版權之價值

李培恩

經濟學專家李培恩君。為本刊著商業常識。已有五章。本號著「版權之價值」以嚮讀者。蓋李君在商務印書館担任編輯。著作甚富。故本篇所述。頗有精采。下號繼續登載商業常識之第六章。

編者

有一物焉。其對於著作之價值，一如貨品之於其製造者。然則版權是已。按各國法律。俱載有著作權之明文。蓋所以保護劇作家、文學家、著述家心血結晶之專利。於其功成之後在有限期間之內。酬其勞績。惟專利時期各國不一。其在美國。則限定為二十八載。有相當理由。並得請求展期二十八年。二者合計為五十六年。在吾國法則著作人得終身享受專利。且於身後承受人得享三十年之專利。夫版權專利於著作者固有大利。然其問題乃在如何使用其專利權。而致其身享其酬庸焉。夫著作家多窮苦經營之輩。既乏財力。更不能自公其書於世。以使其工作得優越之酬報。於是乃就商於擅長銷售之發行者。與之訂約。令其出版所著之書。

雙方訂約之法自有多種。然大概作家每多貧乏。發行者則富於資財。故作者或讓其版權。一次收回金。或租予版權。每冊收若干之版稅。發行者承接出版後。担任排字、製版、印刷、裝訂、廣告、發售、等費。此辦法之用意。在令發行者擔負出書及銷售上之經濟的完全責任。於所約定適當時期之內者也。

按編緝一書。固須煞費工夫。然能得出版。雖報酬不優。作者亦有相當之慰藉與愉快。蓋目覩其書之付梓。乃作者之眞酬勞。而尤以靑年作家為甚。大概一書之成。多在公餘之暇。至少作者於作書時。必有他種生活費為之挹注。故今茲所得。無論多寡。要在正項收入之外也。就另一方面言之。發行者能暢銷其書而獲利。固屬營業之幸。然有時或竟徒勞無益。不獨無利可圖。且竟虛耗成本。蓋在書未出版之先。其排字、製版、裝釘、廣告之費。即以中等大小之書論之。其費動輒千金。此數付出時。而書之能銷與否。尚在未知之數。有少數書商。於書籍未出版前。因宣傳之能力。預約若干冊。作者之友朋。亦或預定一二冊。然於全部營業。無甚關係。不能有何把握也。至著作者則一俟書出。即可不勞而坐領版稅矣。故發行營業之危險。亦可想而知矣。

照相版權法

大佛

版權之法。所以爲作者保障其利益。近年我國。出版物之版權。已既頒布。文藝之著作。已得有保障。而於照相版權。猶付闕如。雖可以與文藝著作之版權。相互引用。然其不同之點甚多。苟無明文規定。足資糾紛。爰就英美二國關於照相版權法者言之。爲當政者之參考。亦攝影者之所當知也。

英國照相版權法於一九一二年七月一日公布實行之。

（一）版權成立在於照相拍攝之時。不必經過註冊手續。

（二）版權屬於攝影者。（以後稱作者）如受有委令而拍攝（Madeto order）則其版權屬於委任者。

（三）營照相業者爲主顧攝影。雖收極小酬勞。攝者終不能得此版權。如主顧情願相讓。須有書面證明方能成立。

（四）營照相業者有保留其底片之權。而不能送刊報章或印以圖利。否則以侵犯版權論。

（五）如作者爲人攝影而不取酬。則版權屬之。雖其後以該照片售與照中人。而版權不變。以其所售爲照片而非版權也。

（六）新聞記者攝得新聞。其版權屬於僱主。（即報館）

（七）委令者得版權。其後酬勞之付與不付。爲另一問題。而版權不變。是爲錢債糾葛。不涉版權之事。

（八）如將有名建築及優越風景攝得好照。不能禁人仿攝。蓋此種仿爲道德問題。而非法律問題也。如將原照復攝。斯爲侵犯版權矣。

（九）如以照片投之刊物。取得酬金。其版權仍屬之作者。蓋此金並非版權讓渡金。而爲允准刊載金也。作者仍可以此投之他刊物。及行使其他一切版權也。

（惟各刊物主筆不歡迎一稿二投）

（十）版權之有效時間爲五十年。自拍攝之日起。如作者以之讓渡。則買得者之版權期限。爲自買得之日起。至作者死後二十五年止。其餘之時間。仍爲作者之承繼者所有。假如甲於攝照後二年。以版權售於乙。再三年而甲沒。則自拍攝之日起。至三十年終了之日止。中間雖經讓渡。而二十一年起。版權仍爲甲之承繼者所有。

（十一）侵害版權之範圍。爲出售、出租、展覽、販賣、披露、翻印其任何一部份或全部。版權者可以請求賠償損失。請諭制止。如能證實其爲有意侵害。則其最高處罰爲罰金與監禁。

（十二）如得通知。英國海關當制止仿製品進口。

現歐洲各國有萬國版權會之組織。其會員爲英、法、德、比、意、丹、日、西班牙、瑞典、挪威、瑞士、葡萄牙、勒克存包、海典、立白利亞、馬納可、及太希司等十八國。於一九〇八年在柏林所成立。凡在任何一國內成立版權。會內各國皆有保護之責。惟美、俄、奧、諸國皆不入會。但會內國人民之作品。可在美俄奧諸國註冊。而得其保護也。

美國版權法與英國相仿。惟須經過註冊手續也。向華盛頓註冊局索取註冊空白單。依章填就。附美金五角、照片二張、一同寄去。在照後須有作者姓名及日期。照前須有註冊符號。卽書縮筆簽字或其他符記於C字之內也。美國侵犯版權之罰金。爲自美金二百伍十元至五千元。惟刊物可以減輕。其罰例爲自五十元至二百元。美國有幾省規定。如營照相業者。未得被攝者同意。不能以之陳列作招徠之用。否則以侵害版權論。

（一）註冊事務由內政部掌管之。

（二）著作權歸著作人終身有之。並得於著作人亡故後。由承繼人繼續享有三十年。但別有規定者。不在此限。

（三）著作物係由數人合作著。其著作權歸各著作人共同終身有之。著作人有亡故者。由其承繼人繼續享有其應有之權利。前項承繼人。得繼續享有其權利。迄於著作人中最後亡故者之亡故後三十年。

批成都中華書局請出示禁止翻印書籍以固版權一案文十一月廿三日

呈悉准予出示并令公安局隨時查禁一面分令印刷聯合總會籌備處轉知印刷商遵照不准翻印仰即知照此批

附錄原呈

呈爲翻印書籍侵害版權懇請出示嚴禁以儆奸商而杜後患事竊商局在成都開設所有各種書籍均由上海中華書局總店不惜重金聘請中國名人著作脫稿印行發川銷售即如現售之三蝴蝶月明之夜葡萄仙子春天的快樂麻雀與小孩七姊妹遊花園各種歌劇亦早呈請

國民政府大學院審定註册版權所有不許翻印沐准在案查近來成都市面書商同業人等良莠不齊在知識高尚宅心公正者必謂版權所有之書自有法律爲之保障倘惟利是圖私自翻印一經查獲被控官廳亦必按照法令嚴爲處罰非徒無益而又害之誰敢輕於嘗試自貽伊戚若市儈貪利之徒則不然弁髦法令廉恥毫無既不能倩人著書又不能別謀生活只求便宜利已安然坐享其成妄圖魚目混珠翻印他人書籍或互相串賣或分鋪代銷遂使出資聘人著作版權所有之書銷路疲滯大虧成本揆諸情理法律豈可謂平允

國民政府前已頒布著作權法施行細則到川會經教育廳公布登載民視日報萬目共覩不得謂毫無見聞茲因時有奸商翻印商局所售之三蝴蝶等各種歌劇暗中串人寄售防不勝防若不請求嚴禁實於商局總店發行版權所有之書大有防害對於血本虧折損失亦復不少是以謹將現售之歌劇原本各檢一册進呈懇祈

鈞府存案備查俯准出示嚴禁違法翻印指令祇遵並請飭令四川印刷聯合總會籌備處轉知各石印社不得私允翻印商局發售之三蝴蝶等各種歌劇代人受過以維版權而儆奸商不勝沾感頂祝

之至謹呈

成都市市政府市長羅

計呈二 蝴蝶月明之夜蘅蘅仙子春天的快樂麻雀與小孩七姊妹遊花園共六册

成都中華書局代表人胡公著

批成華腹茶岸正商同心簽呈爲請設立經紀營業部懇祈核准立案一案文十一月二十九日

據稱請設立茶業經紀營業部以介紹茶葉買賣事屬可行應予照准茲隨批抄發成都市經紀規則一份仰即承領遵照辦理可也此批

附錄原呈

呈爲呈請設立經紀營業部以維茶務而利進行懇祈核准立案事竊商等此次以同心簽名義呈准四川財政廳認充成華腹茶岸正商年行票額七千張業經繳稅領票定於民國十八年一月一日開始營業刻正積極籌備組織不日次第就緒惟查成華境內業茶良莠不齊營業交涉關係財貨責任極爲重大誠恐有外界份子濫竽參加自不免招搖詐騙動致惹起糾紛茲由商等詳加審度一再籌維似應取締一種善法藉資維護現擬設立一經紀營業部牌告延攬本幫熟習茶業宅心正大者承充經紀照例每茶一担取買主手續費洋壹元不得多索並須取具殷實同業二人以上之連環保證方許承任理合具文呈請

對商務印書館收買鐵錚譯可蘭經版權而說的話

悉克

一

繙譯不比著作，必須注重信，達，雅，已經成爲鐵案，而繙譯天經，信字尤爲重要。質言之，繙譯天經者，必須對於經的文章字句，淺義深理，都信得及自己確乎解釋得不差，而且有根據來歷。具這種自信力的人，僕以爲最少要有下邊三層資格，(一)通曉阿拉伯文，(二)對於克蘭經有精深之研究，(三)通曉伊斯蘭教之歷史及制度。

本刊創辦人衆設計委員唐柯三

其次言達，達的意思，便是將原書的文章義理，憑着繙譯的文字，都能達得出來，不損不增，（或曰不損是矣，若在兩方語法習慣不同，譯文字句，稍加詳多，豈不更易於達乎？曰此非愼重而又愼重不可，蓋所謂達者，達原文之本來面目，若增加詳多之達，恐非繙譯中之所謂達矣！）具有能達的資格之繙譯者，僕以爲最少亦要有下列三個條件，(一)通曉中國文，(二)長於做中文，(三)對中阿兩種文字性質異同的關係，會通了解。

最後言雅，雅便是說譯文雅趣。換

言之，卽不犯二病，(一)生硬病，譯文格格生澀，讀之不成文，講之不解意，似外國文非外國文，似中國文非中國文，似通不通。(二)粗俗病，滿紙的方言俗語，換個地方，行不開，換個時代，行不開。文無章法，義無趣味，一覽生厭，淺嘗輒止，不便誦讀，不易記憶。欲免上述二病，僕以爲必須繙譯有體例，換言之，卽須懂得繙譯學。最好的譯文，是中外醇化式的譯文，這是現代學者所公認的。

二

鐵君所譯的可蘭本，其價値如何，我們如果承認前條理論，看淸，拿去較量，自然明白。這並不是菲薄人，辜負人的熱心，我很服佩鐵君的文章，但最大限，我們只能說個鐵君或是日譯可蘭本之忠實美滿的介紹者而已，對於爲阿拉伯文的可蘭經原本，鐵君不能負起「符合與否」的重大責任。

三

比年以來，教界有識之士，咸覺教宗文化之不振，思欲有以昌揚之，每感於物力之維艱，輒發出一種寬量的論調，以謂自家力量既不充足，只要旁人家肯做我們的事，管你是「誰何」，「爲何」，「澈底」，「不澈底」，無妨先利用起來，慢慢再「修正條約，收歸國有」，於是拉攏，湊和，敷衍，將就，姑息，放任，諸般假寬量的觀念，存於心，而發於言，甚且欲見於行者，在所不免，希圖省事。而僕獨偲偲過慮，以爲他種事，或者尙可，獨於闡揚文化一端，際此國內「教宗學術」晦藏之時，欲圖發揚而表彰之，最初宜切實打下堅固的基礎，精密描畫鮮明的標幟。若開頭一上來，便對人湊和，將就，姑息，放任，恐喧賓奪主，畏以紫亂朱，以莠亂苗矣，則謬種流傳，弊將不可收拾．試一想像，殊覺可危。

且吾人之寬量主張，未必果見得自家力量，眞個不足，莫或還因為我們先不欲澈底，不會澈底．不肯使力量的原故，倘若大家同志，覺悟了，公心誠意，集合力量，毅然決然去辦，不見得辦不好．不勞人家代辦．亦不應該讓給人家辦，才是才是。

四

我的愚見既申明於前數條之內，故我對於商務印書館買鐵君版權的事件，消極的主張以下的辦法，(一)勸告鐵君，既愛可蘭經，應愛其完善者，君之譯本，必未達於完善，暫且割愛為是．(二)勸告商務印書館，詳陳繙譯可蘭之理論，應以文化為重，勿單圖牟利，(三) 正式通函各大埠敎界，藉此事宣傳繙譯可蘭，喚起注意。

一九，一一，三一日太原

本刊設計委員孫幼銘

論壇

看他橫行到幾時的『翻版書』

狷公

據許多人說，國內翻版書最多的地方，要推北平和廣州。還聽說，他們是有組織有計畫地，專做這種勾當，靠此謀生。曾有一次，我還看到某種的「翻印本」。

事實是有憑有據的呈示給我們；所以引起我們感想的，也就是這個對象。現在我們根據着這對象，來說幾句話。

我們所要講的「翻版書」，是指翻印或仿製「版權（著作權）所有不許翻印（複製）」的出版物。也就是著作權法上第一條所規定：「……依本法註冊專有重製之利益者，為著作權」。以及第二十三條所規定「著作權經註冊後；其權利人得對於翻印或仿製……提起訴訟」的著作物。換句話說，就是：一切出版物，在已完畢合法註冊之手續後，不許第二者翻印或仿製。否則，此種侵權行為；在民法上刑法上，皆有所抵觸。

照這樣看來，那麼「翻版書」是作奸犯科的產物，早應絕跡，已無存在的可能了。可是，理論與事實，老是背道而馳，所以「翻版書」仍是橫行無忌，流行不衰。說到這裏我們又起了疑問；就是懷疑到「翻版書」，在過去中的成因到底怎樣？是誰放任翻印者肆無忌憚暢所欲為呢？還是執法者不去制裁他們呢？對此問題應該怎樣補救呢？凡此種種均有研究的價值。

我寫這個問題，也許出版家很願意聽，不過說得太膚淺些，祇好算做研討這問題的「導火線」罷了。現在讓我分別寫在左面：

一　翻版書的成因

翻版書始於何時，莫從究詰。成因的做成，當然很複雜，姑就推想所得，舉其要者言之：

第一原版書求過於供　求過於供，可說是絕

對好現象。其實，這裏所說的，是指某一地方求過於供而言。近來出版界裏，有的因爲資本不充不能多印，有的因爲各地代售店不負責任，常有「代而不售」。有的是受不能多印的支配，分派到各地銷售的，一家代售店不過幾册或十幾册。像學府薈萃的北平，和購書率較高的其他地方，如果是有價值的書，何難一售而罄。當地小書販或印刷者，看到某一種書銷路好，有利可圖，便乘隙而入，「翻印本」由是就降生了。

第二原版書有相當價值　一本書到了有被翻印的資格，大半是因爲內容有相當的價值。被翻印的書籍中，據調查所及，而以翻譯之名著居最多數；國內名家作品次之；最低限度也具有聳動觀聽的書名。他們眼光很正確，像：資本論，山崩，西線無戰爭，石炭王，子女選孕法及自然避孕法……等，都有翻印本呢。

第三原版書售價過昂　在過去中，出版物的售價都很高昂。比方：一本卅二開排五號字二百面上下的書，用卅七磅報紙印成二千册，連稿費計算在內，眞實的成本，每本不過大洋二角五分左右（參看後附之第一表）。而售價却要五六角，再加上各地代售店「酌加郵費」，那更是貴之又貴了，這就是一個實例。在目前社會經濟恐慌萬狀的中國，當學生的，學費膳宿，還是勉強支持，那能買得起昂貴的圖書？但是書籍到底是他們所需要的，如果有同一低代價的書籍發現，你想他們還會來買高代價的嗎？固然翻版書有許多劣點，可是佔了便宜，也顧不得這許多。這個成因，是誰造成的呢？

第四翻印本的成本低　翻版書第一着就不要化稿費，其次更利用較簡便的技術去翻印，成本方面，自然而然比原版的低得多。像前述的卅二開二百面印數二千冊的書，在原出版家的成本要四百九十餘元（如第一表），而在翻印者方面充其量也不過二百元左右（如第二三兩表）。兩相比較，則成本之低昂，也是成因之一。

第一表

項目	價目
稿費	二五〇元
排工	七〇元
印工	二六元
紙廠	一三元
紙張	七四元
裝訂	一四元
校對費	一〇元
廣告與開支	四〇元
約計	四九七元

第二表

項目	價目
排工	七〇元
印工	二四元
紙版	一三元
紙張	七二元
裝訂	一三元
校對費	一〇元
約計	二一二元

以上兩表係專指鉛印而言，若用石印，則成本上較省許多。茲以第三表示之：

第三表

項目	價目
製版	四〇元
印工	二六元
紙張	七二元
裝訂	一三元
約計	一五一元

第五印刷業及出版業中之人工過剩　人工過剩，失業者的人數也跟着增加。這些失業者，在失業以後，改業既難，又不能坐以待斃，不得不想出一條生路來。那麽，他們既「實迫處此」，那只好運用其「當行」的本領，做此違法的生涯。

第六出版界向無澈底的追究　許多出版家一向對於版權被侵害的事件，初發現的時候，無不赫凜凜地想去追究，一轉念到路途遙遠，鞭長莫及，過了幾天就淡然置之。不肯化些旅費，派個專員，到出事地點，澈底的訴諸法律。懲一儆百，藉戒傚尤。我想版權被侵害的店家，在上海方面一定不少，如果肯聯合起來去對付，是不難「一鼓成擒」。

上述諸因，固不僅如此其簡單，此不過言其大略。現在再揭破翻印本的劣點。

二　翻版書的劣點

翻版書的劣點，曉得的人，固然很多；不過我覺得還有一說的必要，因爲講穿它的劣點來「普告大衆」，「俾衆周知」。也未始不是消極的防止辦法。

「翻印本」大概利用石印術翻印的居多，用鉛印的很少。因爲用石印術來翻印，成本既低，時間上又來得快而且捷。鉛印則反是；像排版，校對等手續，是多麼麻煩的事。但是石版術翻印，雖然說可以「依樣畫葫蘆」；如果原版書錯了，它也免不了跟着錯。同時還會脫漏去許許多多的「字丬」和「筆畫」。而墨色不勻，字跡模糊，尤在其次。而鉛印比石印還多一個「校對敷衍，錯字連篇」的毛病。他如紙張的醜陋，裝訂的脫落，也在所不免。希望讀者們不要貪這些少有形的便宜，受着極大無形的損失。而營此業者，因受此罷買的影響，以銷路閉塞，則將不禁而自絕了。

三　翻版書與法律

著作物既依法註册後；即已取得法律上之保障。如有侵害其利益者，得依法控訴，予以法律上之制裁。此固於著作權法上明文規定之矣。惟尙有應注意之點者數端：

第一被侵害人之起訴　被侵害人依著作權法第二十三條之規定，於發現侵害人確有侵權行爲後，提起訴訟時，在公訴部份：可依據該法第三十三條之規定，使其受刑事上之制裁。在私訴部份：可依據該法二十九條之規定，估計損失要求賠償。此種民事上損失賠償之起訴，最好附帶於刑事起訴時一併提起，較為便當。不然，在刑事判決確定以後，再依民事訴訟程序，另行起訴，未免多費手脚，此亦不可不注意者也。

第二被侵害人與侵害人之私行調解　此種私行調解之實例，在出版界裏，數見不鮮，但是否合法頗有研討的價值。前此未見有所論列，即在著作權法上亦祇有：「經著作權人之起訴」、及「其權利人得對於他人……提起訴訟」，等字樣。若「不經」權利人之起訴，則此輩違法翻印他人之書籍者，儘可逍遙法外。又如被侵害人為息事甯人，或經人調處，由侵害人賠償些小損失，沒收幾本偽書後，即一了百了，化為烏有，這豈不是太便宜了那故意為違法之行為的人們嗎？在我個人的意見以為：「公訴部份，必需提起，而私訴部份却可通融辦理。如果，公訴部份也由私人了結，這是不合法的行為，也不足以弭止翻版的惡風」。

第三翻版牽因法律制裁之效果　「翻印書籍罪」，也可算是「偽造罪」之一種。其他偽造罪，檢察機關都有起訴的權限，我想此種侵權行為，也未始不可由檢察機關來檢舉來起訴。并且現在內政部已根據新頒出版法實行辦理書報登記了，往後的出版物，都合於著作權法第一條之規定，而有起訴權。那麼，如果採用前述辦法，交付檢察機關實行辦理，所得的效果，將不難由逐漸減少，而至於消滅。

上述三端，係抒一得之愚　就正於讀者，甚望能引起讀者作更深進的研究。言至此偶憶及出版法中僅為懲罰之條文，并無保障之規定，不禁使我起莫大之懷疑。

四　翻版書之防止

宇宙間一切的事情，只怕不肯做，不怕做不到。翻版書反正是違法的，如果對付有方，總不難逐漸消滅。茲試擬積極與消極兩種防止言之：

（一）積極的防止

第一註册　往昔出版家未必都具備法律的知

識，大多數的出版物，都不送去註冊，得不到法律的保障。等到了發現「被人翻印」，因爲自家尚未完畢合法之註冊，那能提起訴訟，以對抗侵害人呢？往事已矣，來日正長，此後每出一本新書，馬上就要送到內政部註冊，有了保障，他們那敢隨便翻印呢？

第二加貼印花　加貼特製印花（如圖），從前多數用於抽版稅書籍的版權頁上，我想現在一切出版物都可以仿照這例子貼上印花。因爲翻版者於翻印書籍之後，欲「以僞亂眞」，或許必需連同僞造印花。而僞造印花之罪，在刑法上，係科以三年以下六月以上之徒刑，非若著作權法僅科罰翻印者以五百元以下五十元以上之罰金已也。故加貼印花，亦足以遏止翻印率之繼長增高。

第三售價減低　出版物售價，若能比較低廉，讀者則無望洋興歎之感。同時也不會去買較低代價的「翻印本」。業翻印者　以銷路遲鈍，無利可圖，自然而然地不再從事此業，此非較積極的防止辦法嗎。

（二）　消極的防止

第一懸賞偵緝　重賞之下，必有勇夫，要想破獲那些翻印機關，懸賞購線，也可以收局部的效果

第二根究經售書販　翻版書，大多數散在小書攤上發賣，他們的來路，小販們當然肚裏明白。假使想法子去根究他們，蛛絲馬跡，自不難尋覓。至少也可以破獲一二家。

第三獎勵各地同業調查　委托各地同業調查，這法子已經有人行過，結果，都是「泥牛入海，消息毫無」。因爲這些不是他們切己的事情，誰肯替人家白出力。惟有以條件附的物質獎勵他們，委托他們去調查，或有所得。於防止辦法中，不無小補。

末了，我在上面說過：我寫這篇東西，只能算做「導火線」。在這裏呢，更希望能夠因爲這「導火線」，爆發出整個强有力的戰鬥力量，去消滅那些出版界的公敵吧！

「翻版書」！「翻版書」！看你還能橫行到幾時!?

幾部版權無主的書籍

一岳

「工作是這個人，受報酬當然也是這個人」。這誰也不能加以反對的；但是卻也有例外，像施耐菴曹雪芹蒲留仙……等，他們「工作是這個人，受報酬的卻有許多人」這是多麼不平的一件事！

施耐菴著的水滸，曹雪芹著的紅樓夢，蒲留仙著的聊齋，……等等，這些書不曉得有好多出版家印行，也不曉得印了又印幾千萬的部數。一般出版家只出了紙張和印工，平均算起來這一類書每部花不到幾角錢的本錢，賣出卻去賣幾元錢，比印行什麼書好處都多，這是太便宜了。我說這些話並不是看着眼紅，在事實上實在說不通。

他們著成這些書，費了不少的心血，那麼版權當然歸他們自己或子孫所有，別人不得侵犯。但是在他們著書的時候，第一，他們的著書不過寄興於筆墨，並不當做一件正經事體做，

不過寄興於筆墨，並不當做一件正經事體做，
第二，想不到幾百年後，有人替他們印刷出來去賣錢，自然也想不到版權不版權。現在他們既然死了這麼久，他們的子孫也沒處尋覓，所以給私人標處竊去印售，這也怪不得印售者。

這些書原來的版權所有者既然沒有了，那麼，我想在理應爲中國國民所公有，歸諸政府去印售，就是說收爲國有。收歸國有以後，這些書由政府印售，或委託各書局代理發行。

據我理想有幾點好處：(一)可收入一大筆款子，充做文化事業之用，像建設公共圖書館或開貧辦民學校，或著作物的獎勵金，或其他文化團體之費用。(二)可免各書店誤印、誤排、妄加評削之失，使各書不致失其本來的面目，民衆可以最低的代價購買此類的讀物。有此兩利，想定爲一般民衆所贊同的；但是怕靠牠賺錢的書儈要反對的。

我所舉這三部書，不過做個例子，其他情形相同的書籍還多着呢。如果有決心不怕辦不到。我想總不會沒有成績的。

出版權授與契約

二十二年四月修訂

出版權授與人 姓名 職業 住所

右保證人 姓名 職業 住所

出版權讓受人 商務印書館股份有限公司 上海河南路

著作物名稱 著譯人姓名 卷數 冊數

如係譯本其原書名稱及原著作人

上開出版權授與人（下文簡稱甲方）願將上開著作物（下文簡稱本著作物）之出版權依照下列條件授與上開出版人（下文簡稱乙方）

第一條 甲方允將本著作物交付乙方一家印刷發行永遠出版、

第二條 甲方擔保其對於本著作物確有出版授與之權利、

第三條 甲方擔保本著作物並無侵害他人著作權及違背其他法律情事、

第四條 甲方於本契約簽訂後不得利用本著作物之全部或一部為不利於乙方之行為如（一）將本著作物自行或委託他人印售、（二）用自己或他人名義編印與本著作物類似之著作物、或足以妨礙本著作物銷路之著作物、（三）其他足以妨害乙方關於本著作物應享法益之行為、

第五條 甲方違背前條之規定或遇有第二條及第三條之擔保不符事實時所有乙方因此所受之損害應由甲方與其保證人連帶負賠償之責、

第六條 本著作物應由甲方整理齊全以無須增減或變更為度、其有加入圖畫之必要者應將適用之原圖照相、一併交與乙方、

第七條 因不可歸責於乙方之事由致前條所定由甲方交付乙方之稿本及原圖照相等毀損滅失時、乙方不負賠償之責、

第八條　甲方於本著作物在製版中或製版後欲修改文字或圖畫因此增加之製版費及其他不可預見之費用應由甲方負擔之、

第九條　甲方於本著作物已出版後認為有修訂之必要時應即將修訂部份整理齊全、儘早送交乙方改正但改版應以不妨害乙方出版之利益並不增加乙方之責任者為限、

因前項改版所生不可預見之費用應由甲方賠償乙方、

第十條　乙方對於本著作物之名稱或內容認為有變更之必要時得無償商請甲方酌改之、

第十一條　對於本著作物之名稱或內容所為之修改不影響本契約之效力、

第十二條　乙方於接到本著作物後應依最適於營業需要之方式印行之、

第十三條　本著作物每版印刷時其最後一次之校對乙方得無償要求甲方擔任之、

第十四條　本著作物呈請註册由乙方以甲方名義辦理之其註册執照由乙方保管之、

前項呈請註册費用由乙方負擔之、

第十五條　本著作物初次出版後乙方應以樣書十份贈送甲方・

第十六條　為推銷本著作物起見甲方得與乙方協商分送樣書於國內外有關係之機關個人及日報雜誌社但分送費用應由甲方與乙方照本著作物定價及遞送費各半負擔之、

第十七條　本著作物出版後之售價由乙方定之、

第十八條　乙方認為必要時得將本著作物發售預約或特價或減價、但應於事後通知甲方、

第十九條　本著作物出版後其出版物有損壞者乙方得減價發售其損壞過甚不能銷售者乙方得毀棄之、

遇有前項情形乙方應於事後通知甲方、

第二十條　乙方為酬報甲方依本契約第一條授與之權利允照本著作物實際售出之部數以等於其定價百分之　　之版稅給付甲方但以本著作物依法享有著作權之年期為限、

第二十一條　依照第十五條第十六條及第十九條贈送分送及毀棄之部數不付版稅、

第二十二條　依照第十八條及第十九條發售預約特價及減價之部數按各該預約價特價或減價計算版稅、

第二十三條　本著作物版稅每年於三月七月及十一月底分三期照實際售出部數清算由乙方交付甲方、

第二十四條　本著作物版稅不可分割如甲方有數人時應推定代表一人向乙方支取版稅、

第二十五條　本著作物之銷路、如乙方認爲不佳時得通知甲方、終止本契約、

第二十六條　本契約終止時本著作物餘存之出版物圖版執照、應依左列方法處分之、

(一)餘存之出版物由雙方按照比例分配之、(例如版稅爲定價百分之十者所餘出版物甲方取百分之十、乙方取百分之九十) 其遞送費用各自負擔之、

(二)餘存之圖版照原價折半、由甲方備款承受、如甲方不願承受、由乙方保有或以其他方法處分之、但不得再以之印刷本著作物、

(三)註册執照由乙方交還甲方、

第二十七條　甲方或乙方非經對方書面許可、不得將本契約之權利讓與他人、但法定繼承人不在此限、

第二十八條　本契約一式兩紙甲乙兩方各執一紙爲憑、

中華民國　　年　　月　　日

出版權授與人

右保證人

出版權讓授人　上海商務印書館股份有限公司

右代表人

印花

著作權之演進

胡夢華

(一)著作爲公時代

學術爲公，貴能益世，惟傳之廣，斯效之大：其著作權初不可據以爲私有也。從來歌謠之流傳最遠，大抵作者不著姓氏，詠於里巷，吟於田畝，信口歌來，都成妙曲。其用非僅爲娛樂，亦求自表，達道而明志，以示民情輿論之一般。其性公，雖作者或爲私人，私人不據以爲己有，致碍流傳。君子知其然，故三百篇不著作者姓氏焉。徵之史例，殊方一致，如印度之摩訶波羅陀，英格蘭之貝奧武爾夫 Beowulf 愛爾蘭之卡勒發拉， Kalevala 日耳曼之泥柏隆根歌Nibelungcnlied 法蘭西之羅蘭歌Song of Roland 西班牙之息德 Cid 等皆無作者姓氏。大概初民詩歌皆屬如此：希臘史詩易利亞德 Iliad 與奧德塞Odyssey 之作者，世稱荷馬。然史家考據以爲荷馬果有其人，抑無其人，易利亞德與奧德塞必非一人所作；當係希臘自有詩歌以來所有詩歌雜綴而成。使荷馬果有其人，亦不過總其成而已；前乎此固不知有若干詩人嘔却幾許心血，以完成此偉大史詩之一部。吾人今日讚仰荷馬不置，初不以其人格道德，豐功偉業；使其詩不傳者，則其人亦將不稱。莊生曰：「名者實之賓也。」然則「荷馬」亦僅贅詞耳。善哉章學誠曰：「古人之言，所以爲公也；未嘗矜於文詞，而私據爲己有也。志期於道，言以明志，文以足言，其道果足明於天下，而所志無不申，不必其言之果爲我有也」。

古人立言，志在益世，故無人我之分，而棄名弗爲，以著作歸之於衆。雖各竭畢生精力於學問思辨，然上通千古同道之人以爲之藉，下俟千古同道之人以爲之輔，其道既同，故不強爲古今人我之別。此我國古代諸儒於著述成書之外，別有微言緒論口授其徒，而學者神明其意，推衍變化著於文辭，不復辨爲師之所詔與徒之所衍也。而人之觀之者，亦以其人而定爲其家之學，不復辨其孰爲師說孰爲徒說也。又如周末諸子之奮起，由於道術既裂；而各以聰明才力之所偏，每有得於大道之一端，而遂欲以之易天下。其持之有故，而言之成理者，故將推衍學術而傳之其徒焉。苟足顯其術而立其宗，而援述於前與附衍於後者，未嘗分居立言之功也。蓋古人有言，先得我心之同然者，即我之言也；何也？其道同也。傳之其人能我說而變通者，即我之言也；何也？其道同也。（章學誠語）古人以文爲公器，故無所謂著作權，而亦不願有著作權。

（二）著作權不應成立說

古人言公之旨，固屬名論，而學術思想之創造，非一人之力，一朝之功所得而致，必待衆人經久之研究，始成一家之說，或一種發明，其理尤顯而易見。然則一人可強佔歷來多數學者之心血結晶以爲私人之獨造乎？無政府黨克魯泡特金以爲一切財富——一切物質上與精神上之發明與表現乃過去若干年人類共同努力生產之結果，而遺留於現在者。故人類中無論誰何不能據爲私有，並不得要求任何權利。其言實深合著者爲公之旨。蘇俄共產之始，曾定有取消私人著作權之律，近雖恢復私人經營出版事業，惟仍須政府特許。論其動機或未必眞喻學術爲公之旨，究其實施則深得學術爲公之義者也。（特其目的似在壟斷輿論，獨制宣傳，俾可強納全國人民之精神信仰於單一範疇。此等破壞個人言論自由之手段，適所以摧殘羣衆之個性，與著作爲公之旨實相去遠甚。所謂著作爲公，乃放棄個人著作權之謂；其個人之言論自由則猶應保留也。）

夫個人之著作儘可由各人意志自由發表，然無論其爲創見，抑爲述學，必受若干之外界影響：得自遺傳者有焉，得自家庭者有焉，得自先賢師友者有焉，得自社會環境者有焉，得自時代思潮者有焉。故個人之思想事業，毋寧謂之諸般環境之產兒。以言學術，合此諸般環境之影響，推陳出新，斯生創作。初非個人冥思妄想可得而致也。大抵古今學術思想之變遷，皆有一綫之相承，循序而漸進，歷經若干影響以演成之。馬克斯之社會主義，舉世歎未曾有也。然吾人不能謂前此柏拉圖之理想國，摩爾之烏托邦，培根之新大西洋島；白拉米之回顧等對於馬氏無若何之影響也。此外若葛德文所倡之『各給所需』之分配制度，與文所主張之『廢除利潤』，與馬氏思想皆有極大關係。而維也納大學教授米安格且謂『馬克斯之全部「剩餘價值學說」都因湯姆生之說。其哲學之貧困』「資本論」借材湯姆生者甚多。平心而論，馬氏之學說當非馬氏一人之創見，實綜有諸家思想之精華。而亞當斯密，約翰密勒以來所倡之放任主義，資本主義，個人主義發生之流弊，尤足以反激之。故今茲以科學的社會主義之成立僅歸功於馬氏一人，而漠視其他一切，殊欠公允。即馬氏本人當亦不願自承其說為個人之創見也。此著作為公，而著作權不應成立者一也。

文學創作最憑天才，宜為個人的矣。然讀亞里斯多德『藝術為模倣的』之言，則著作權尚有不應成立者在。古代文學摹倣自然，後人摹倣前人。其摹倣之臻上乘而能超拔者乃成創作。其有待憑藉，顯而易見。約翰孫曰：『詩以描寫自然情感為範圍，而自然與情感則始終如一，永久不變。』蓋前者人所共具，時日雖易，自然之本質則猶是也。後者人所同具，一人之感情雖屬至暫，而人類一般之感情之性質則有一共同之點。諸感情聯系之波動，雖生於瞬滅之間；而感情之大海，洋溢千古未嘗或變也。然則為此情感與自然之反映之文學創作，可據為私有歟？紐盟曰：『文學為個性的：其議論學說足以代表一族或一部份人之意見。故誦其言，一似己之感情得其宣洩之所，己之經驗得其記載之方，己之判斷得其隱示之力焉。』此言『文學為個性的，』乃謂文學家各人之藝術手段有所不同也。然『文辭』之異不足以掩『文質』之同。既屬代表一族或一部份人之意見，且為人類共同之經驗，情感與判斷之表現，則個人當然不可據以為私有。此著作為公，而著作權不應成立者二也。

且著作權之規定，僅保障形式；而思想情感，概念則不計焉。仍其思想情感，概念而易其形式者，皆獲有著作權，其適法蒐集多數著作編成一種著作者，編輯人於其編成之著作，亦得享有著作權。黠者見及此，於是起而利用之，因襲從同，千篇一律，而著作之富遂可汗牛充棟。所謂著作權者原冀防止剽竊抄襲之風，乃反成變相之剽竊抄之保障，又豈創始者所及料哉？夫如此何如著作為公之高尚乎？此著作權不應成立者三也。

(三)著作權溯原

雖然，著作權終於成立，且通行於萬國焉，果如因乎？

古人著作，名且不計，更無念於權也。世教之衰也，道不足而爭於文，則言可得而私矣。實不充而爭於名，則文可得而矜矣。言可得而私，文可得而矜，則爭心起而道術裂矣。始於好名，繼以牟利，於是有所謂著作權。雖然，以文爲貨，藉之謀生，文人不得已之事也。著作之士不事生計，惟持筆墨心血，以維其生活亦可痛矣。大抵昔者文人多奔走於王侯之室，乞憐於富豪之門。凡予以資，給以金，栽培恩助之者，即阿諛之，歌頌之，而無所不用其極。以爲著作史上之『恩庇時代』Age of Patronage我國歷來學者，以文章干進，即其顯例。其卑不足道者乃有揚雄之徒，劇秦美新，士節掃地矣。唐宋以來，開科取士，舉國文人盡入彀中。其間雖不乏明達之士，以著作爲高尚事業，藏之名山，以待世評者；唯究屬少數。故我國著作除晚近印刷事業發達，著作權成立以後者不計外，大都不外干進與潛修二種。其在歐西以著作求悅王侯公卿者，羅馬時代則有賀拉西斯，退細阿斯，阿利渥斯安，塔索之流。因一口麵包不惜自貶身價飾爲歌功頌德之文。言不由衷，殊足憫也。其以恩庇著作，獎勵文士自豪者，在羅馬則有米猶那斯，坡力奧，在意大利則有麥第奇，在法蘭西則有路易第十四；在英格蘭則有哈黎法克斯爵士，牛津爵士等。文人不能自立，乃托庇王侯富豪，而自儕於奴隸與寄生蟲，是豈得已！然而文人心血如此揮霍，亦太不值得矣。

時推勢易，世之賞鑑著作者不限於王侯富豪，——一般讀者日漸增多，而文人之命運亦隨之改變。蓋此時文人已可稍稍賣文自給。此約當十八世紀中葉之際，英國詩人德來登，頗普，都以著作致富者。德來登之詩集寓言售三百鎊。頗普嘗作豪語曰：『余實詩人中受「人的」待遇者之一』。反味其言，則前此必有受「非人的」待遇者，亦符實之論也。此爲著作史上之『貨利時代』。文人之恩庇者始由個人之王侯富豪而易爲公衆之讀者。昔者乞之於王侯富豪者至此遂間接由書賈取之於讀者。其著作亦遂易其前此之頌諛而爲誇揚。蓋不如是不足以動讀者。而當時之定期出版物，雜誌，報紙等之鼓吹與標榜，於著作貨利之高低實操縱之。蓋讀者因雜誌報紙之讚揚而爭購某種著作。書賈以之得獲厚利，著作者亦可聯帶增加收入。然究其根源，應歸功於印刷發達，交通便利，故著作得以推銷廣遠。顧我國隋唐以來已有木版印刷，北宋時已有泥塑活字版。而以著作爲貨，至晚近林紓先生始大張其風；一則因國人以賣文爲恥，一則因國中之讀者不多也。

(四)著作權之成立與其意義

著作由『恩庇時代』進於『貨利時代』雖經若干期間。然由『貨利時代』進於『著作權成立時代』則轉瞬間事。蓋貨利人之所欲，無法律以保障之，則人人得而侵取；故創設著作權以保障其專利。然著作權之成立亦不盡由於貨利；若中世紀之著作權完全操之寺院與教會，則意在干涉個人言論自由而禁阻異教之流傳。

著作者之動機或出於揚名，或由於益世；其無恆產者欲求償於著作，因而要求著作權，亦屬情理之常。且社會欲得佳作不能責望偶爲著作之人或以著作爲副業之人；因之不得不求之以著作爲專業者，則爲酬勞其辛勤著作起見，予以相當之著作權，亦不爲過。美國憲法解釋著作權之成立，謂係獎勵科學與美術之進步起見。而古代威尼斯共和國，佛羅稜薩公爵，利奧第十與教皇等之給予著作權，亦謂非爲著作者或印刷者謀利益，乃爲公衆謀福利，及獎勵著作之企圖起見。特今日所謂著作權，著作者得利甚少，公衆獲益亦鮮；惟書賈於中漁利獨得實惠，是未免有失著作權之本旨耳。

近世論著作權約分四說：（甲）謂學術上之財產與物質上之財產相等，則此等學術上之財產所有權亦應與社會上其他之財產所有權同其廣博與無限制。（乙）謂學術上之財產根據私人之契約，個人欣賞其作品者即爲當事人之一。（丙）謂學術上之財產乃根據著作者個人之人權，若著作未曾以其著作註册，即有受人侵害之虞。（丁）謂學術上之財產乃法律之產品；其所以應受此法律之限制者，非爲保護著作者個人之權利，乃所以維持社會公共之便利與利益耳。以上四說以（丁）說在今日最有效力即今日歐美著作權之所根據也。

(五)我國著作權法與各國著作權年限之比較觀

我國現行著作權法係根據民國四年十一月七日之法律第八號。凡文書•講義•演述，樂譜，戲曲，圖書，帖本，照片，彫刻模型，以及其他關於學藝，美術之著作物皆獲有著作權法之保障。其法令，約章，文書，案牘，各種善會宣傳之勸戒文，公開之演說各種報紙記載關於政治與時事之論說與新聞，以及著作之久經通行者，無論何人皆不得據以爲著作權。但從外國著作適法以國文翻譯成書者，其翻譯者得享著作權，適法蒐集多數之著作編成一種著作者，其編輯者得享有著作權。就他人之著作闡發新理或以原著物不同之技術製成美術品，其著作者亦得享有著作權。至若著作權之年限，著作人終身有之。又著作人死亡後，並得由其承繼人繼續享有三十年，著作人死亡後，其承繼始將其著作發行者，其著作權亦得享有三十年。著作人死亡後若無承繼人，其著作權卽行消滅。數人共同之著作，其著作權歸各著作人共同終身有之。各著作人死亡後並得由各承繼人繼續享有三十年。各承繼人之著作權自各著作人中最後死亡者死亡之翌年起算。以官署，學校，公司，局所，寺院，社會之名義發行之著作，其著作權得享有三十年。不著姓名或以別號發行之著作，其著作權得享有三十年。但於期間未滿以前，改正眞實姓名時得享有終身之著作權並得由其承繼人繼續享有三十年。其著作權年限已滿之著作視爲公共之物，但他人不得加以割裂改竄及變匿姓名，或變更名稱發行。

著作權之規定各國之間大概略有出入，大同小異而已。惟著作權年限之規定，則彼此互異。我國著作權法，著作權歸著作人終身有之，死後並可延長卅年，與日本一八九九年三月三號之法律規定相同。德意志，奧地利二國亦然。英國著作權則著作者終身有之，死後延長七年，或爲著作出版後四十二年。美國著作權爲廿八年幷得由著作者本人或其妻子請求繼續廿八年。法國著作權，著作者終身有之死後得延長十年，殆後次第增加爲二十年，三十年至最後訂定爲五十年。匈牙利，俄羅斯二國與法國最後訂定之律例相同。比利時之著作權最初爲永久的，一八八六年修正與法國相同。意大利之著作權著作者終身有之，死後得延長四十年，或爲著作出版後八十年。西班牙之著作權，著作者終身有之，死後得延長八十年。荷蘭之著作權爲著作出版後五十年。綜觀以上各國著作權年限之規定顯有三種之區別：——(一)無限的，(二)有限的，(三)折衷的，

(一)無限的，即著作權終身有之，死後又延長若干年也。人壽不可測，所謂著作權終身有之者實不啻一種憑機會命運之法律。或長壽如彭子，或短命如顏回。其不可捉摸如此，則以之爲根據之著作權，當然無限的。中國，日本，德意志，奧地利，法蘭西，匈牙利，俄羅斯，比利時，西班牙，皆屬此類。至三十年，五十年，八十年之延長，不過數目之差，實皆爲有限的。

(二)有限的，即著作權不爲終身有之，而有一定之限制也。如荷蘭之著作權規定爲著作出版後五十年，美國著作權規定爲二十八年；又限定請求繼續，爲二十八年，皆其顯例也。

(三)折衷的，即著作權一方爲無限的，一方爲有限

的。如英國著作權之終身有之與死後延長七年，屬無限的，但又規定為著作出版後四十二年，則屬有限的。二者擇一，以宜為準，所為折衷的辦法是也。他如意大利之著作權之終身有之與死後延長四十年為無限的，又規定為著作出版後八十年則為有限的；與英國之折衷辦法相同，惟年數較差耳。

（六）著作權之年限問題

著作權之年限既有有限的，無限的，折衷的三種，且同屬一種，年限之長短又不一律。吾人於此將何擇乎？我國所定著作權之年限，果良善乎？——此本節急欲討論，而思略有建議也。著作權之本旨雖為奬勵著作者對於著作之努力，俾公衆享有多數有益之讀物。然今日享著作權之實利者非嘔心血，勤筆墨之著作者，乃逐什一之利之書賈；此不可不分別觀之也。著作權成立以來增加有益之著作甚多，而著作者亦得稍裕其生計，誠屬事實。然而著作權之害，亦甚明顯。壟斷居奇，高抬市價，致使一般讀者不能盡讀其書，而其書之流傳範圍亦因之狹小。有礙文化之推行，實非淺鮮也。夫吾人欲得多數有益之著作，不能仰望以著作為偶然事業之人，勢必求之以著作為職業之人。而以著作為職業之人不能無以自活，則設著作權以酬勞之；宜也。然著作權之創立有碍書籍之傳佈，文化之推行，則將若之何？——是惟有變通著作權之年限，以求其救濟之道。——即使著作權年限之規定一方面足以酬勞著作者之利益，他方面須力求免去書籍傳播與文化推行之障礙是也。

現行各國中，其著作權年限之規定，頗有僅以酬勞著作者之利益為準則，而未嘗顧及傳播書籍推行文化之便利；實欠公允。夫著作權之成立既有碍於傳播書籍；欲補救之，惟有規定著作權年限至一定程度。使著作者身享其利而勿浪費，俾著作者得其利後，著作權消滅；其著作得任行翻印推銷，而公衆亦可受其惠。若比利時昔者之著作權為永久的，實最無理由。蓋著作者與著作者之子孫皆未能永遠享其利，而公衆因著作權之制限與壟斷，反受不能盡讀其書之損失也。他如西班牙之規定為著作者終身有之，死後得延長八十年，年限未免太長。而法蘭西，何牙利，俄羅斯，比利時之規定死後得延長五十年；我國，日本，德意志，奥地利，之規定死後得延長三十年，亦不盡合宜。（而著作者終身享有著作權之『無限』規定，幾近『抽彩』辦法，尤欠公允。）舉例明之，設有極有價值之著作出版十年，其著作者即死，外加死後之延長三十年，五十年，或八十年，其著作年限為四十年，六十年，或九十年；而其人二十年前出版之著作，價値較低，而其著作權年限竟爲五十年，七十年，或一百年，是價値較高之著作反較價値較低者所享之著作權爲短。其不公允，一也。更有二作者同時出版一書，其一較其他早死若干年；而此同時出版之書之著作權年限竟有若干年之懸殊， 其不公允 ，二也。至著作者死後，著作權年限之延長若干年爲著作者子孫計乎？然著作者子孫流爲餓莩；而享有著作權豐富收入之繼承者，乃屬書賈焉。吾人且勿援引打破一切遺產制度之說；惟著作之遺產究不可與普通之遺產，一概而論。後者據以爲私有，無關大體，前者據以爲私有，是不啻封鎖文化。凡著作傳之子孫，若子孫與其祖或父信念不同，或將掩沒其版而不使發行。如英國小說家理查孫之子，傳記家波菸衛爾之子，皆不欲其父之著作繼續刊行者也。前者以爲小說足以敗壞心術。後者以爲乃父諂事約翰孫，自狀太卑，有辱家聲。使英國著作權法年限延長，傳之子孫，則此二文學家之寶貴著作不亦埋沒乎？或者以爲著作權年限長，可以鼓勵著作者；蓋著作者因之可得厚利於書賈。此實不然，書賈並不因著作權年限長而厚施著作者。且年限延久，時代之趨向異趣，則著作有時失其魔力，彼惟利是圖之書賈，方是之慮，凡將抑勒其代價，又安望其重酬乎？總上所論，永遠著作權無成立之餘地，終身享有著作權之無限辦法甚不公允，而長期之著作權與著作者幷無若何之利益與鼓勵也。

故有限辦法之著作者，如荷蘭之規定爲著作出版後五十年，美國之規定爲二十八年，並得請求繼續二十八年，實較妥善。而折衷辦法的著作權如英國之規定終身有之，死後得延長七年，或著作出版後四十二年，亦可採行。若意大利之規定終身有之，死後延長四十年，或著作出版後八十年則未免太長，而未喻著作權成立之眞諦；其弊與我國，日本，德意志，與大利猶出一轍。

總之，著作權之年限之規定應以著作者得享其利爲旨；亦僅宜以著作得者其利爲旨。如此書籍傳播，文化推行，並可免其不必有之障礙；而公衆亦受其益。據是而言，我國著作權之年限似不應以效法日本爲能事，而有待於修正也。

書業掌故—版權的起源

雋

「版權」這東西是舶來品，當然毫無疑問。在中國，二十四史，四書五經固可任人翻刻，就是私人的集子，也是可以隨便印行，決沒有人來告發說侵害了他的版權，因爲古人的求名之心很切，有人肯翻印它的作品，正歡迎之不暇，那裏還會顧到版權的問題呢？至於歐洲，在中世紀也是很自由的，只要有錢便可以翻印任何人的書，就是喬叟莎翁輩，做夢也沒有想到版權這樣東西。

定，充分的發展，使著作家可以高枕無憂，就是在中國，也在法律保障之下不斷長成，把版權的意義奉爲神聖不可侵犯，至於這東西是怎樣起源的，知道的人恐怕還很少吧！玆將紐約時報上關於這問題的記載，摘譯一些，以供關心者參考，下面是這記載的一段：

「近來出版業奉爲圭臬的版權運動，是繼承著倫敦的版權實踐公會（Performing Right Society）而來的，這公會最初成立在倫敦城內的瑪格里街，(Margaret Street) 爲布德南君（George Haven Putnam）所主持，而當時被稱爲版權專家的愛德華爵士（Sir Edward German）及其徒衆，也在贊助之列。

這公會裏曾討論到眞正的版權起源問題，布德南君和愛德華爵士，曾各自堅持着不同的意見，布德南君以爲著作權的確立，應當在女皇安娜卽位的時候，那時著作權第一次在皇家專利局（Royal Potent Office）裏專利品一樣，祇有原著者能任意印行，其他的人，非經原的允許，書著不得隨便翻印，否則便要置之於法，這年代似乎很可靠，一般作者也以爲這是一個確實的年代。

可是愛德華爵士却反對這個假定，他以爲還應該早一點，至少要早一世紀以上，當那愛爾蘭的太拉皇朝 (Kingdom of Tara in Ireland) 建立的時候，已有了類似版權的形式。

在這古國裏的風景區，有兩所寺院設立着，其目的乃是引導游人，在旅行季內吸收旅客一批款項，其中有一座寺院裏的僧人，寫成一段贊美上帝的詩篇，把它掛在祭壇上，很莊嚴而美麗。漸漸哄動了旅行者到這寺院裏來的興趣，甚至於遠道的游人，也有特別爲了參觀該詩篇而來的，當然香火便一天一天地繁盛起來。

另一間寺院裏的方丈，看了不免有些眼紅，爲招徠游客起見，也來上一個依樣葫蘆，照抄一份張掛着，事這引起了先發明那座先抄寫的成爲專利，換句話說，照抄的一份應該在法律裁決之下毀去。

這可說是版權的一顆火花，慢慢地廣擴起來，形成了今日版權的形式」。

改譯自（Publishers' Weekly）

仿宋字體活字應否享有著作權

江　庸

考書有雕板，肇始於隋，初僅雕造佛經，唐之中葉，乃刻日曆卜筮諸書，至五代長興中，詔刻九經，選善書者端楷寫刻，北宋慶歷中，畢昇感板刻工費繁重，乃創燒膠泥，一字一模，隨時可以排集，以期簡易，至明華堅安國兩家，相繼仿行，改用銅錫，較前益耐久而精；高麗日本，遂亦起而效法，高麗之製，始於明永樂時代，日本之製，始於其國天祿年間，當明之萬歷時代，至有清乾隆，又有木製，定名聚珍，是爲活字。於是古今書籍，遂分爲印刻兩種。活字字體之仿宋，日本久已流行，我國則丁仁氏首以仿宋歐體註册，取得著作權，後以其著作權，歸之中華書局。數年前北平文嵐簃，復以仿古六朝體活字註册，中華書局認爲妨害其著作權，至涉訟法庭，文嵐簃以不佞爲訴訟代理人，卒獲勝訴。此爲執行律師職務以來，最有興趣之案件。夫古人字體。爲我國文化之遺留物，固不禁他人之摹仿，中華書局活字，可仿歐體，文嵐簃仿歐體亦胡爲不可，斤斤於所仿者爲六朝體而非歐體，本可不必，鉛上之字，由反寫而成，純係一種機械作用，謂仿歐體，謂仿六朝體，俱不盡肖，且二家各有方長二體，豈歐陽率更及六朝書家，其字體亦有方長兩種乎，字體之或方或長。人各有其結搆。習其字體，其體近方，則亦方耳，近長則亦長耳。莊子曰，鳧脛雖短，續之則憂，鶴脛雖長，斷之則悲。古人字體，可以意爲方長，豈非滑稽，故中華文嵐兩家之活字，於歐體六朝體，均未能得其髣髴，適爲刻工之字體而已，殊無強爲區別之價値。況歐體六朝體，從書法上考研求，嚴格區別亦正不易。蓋眞書至六朝，一變晉人風格，劍拔弩張，成爲一時習尙，歐陽率更，生於陳武帝永定元年，及隨御宇中夏，年已二十四矣，其生平書法，實未盡脫六朝谿徑。故竇泉述書賦注，謂詢書出北齊三公郎中劉珉，珉書世雖罕見，李嗣眞書後，品列其書，比之顚波赴壑，狂瀾爭波。今觀歐書，多鋒稜畢露。筆畫體勢，均近六朝，特其結構較爲謹嚴耳。況刻工仿習，多失古人筆意，再經刊刷，愈失其眞，求其顯別，尤爲難事。是知文嵐簃是否侵害中華書局之著作權，於彼此活字字體之異同無關，當以中華所註册之活字，是否具有獨創性爲斷，中華仿宋之活字，其獨創之點安在？歐體字非丁仁所獨創，固不待言。至謂長方工體爲其獨創，亦屬無稽。宋代刻書字體，正文方形。其雙行夾註之字，則盡係狹長。例如常熟鐵琴銅劍樓瞿氏所景印之宋刻本四書集成及淳祐刻本近思錄等書，其夾註之字，長度與正文相等，而寬度僅及其半，是尤爲同一字體而方長各異之最著者。再就聚珍板言之，前清乾隆年間印行之武英殿本全史，其正文與夾註之字，亦顯有方長之別。可見刻書體之有方長二種，由來已久，亦非丁仁氏所獨創。按著作權法第十九條，所謂以與原著作物不同之技術，製成美術品者，得視爲著作人，享有著作權。乃就其所已製成之模型，不許有翻印或仿製等行爲之謂，非凡就該原著作物，以不同技術製成美術品者，概在排除之列。蓋法律所保護者，祇爲其所製成之品，故他人縱亦就該原著作物，另有製作，但與其所已製成美術品之模型，不相仿效，則各有其獨立之技能，自不得謂爲著作權之侵害。仿宋活字之享有著作權，特其模型不許翻印或仿製而已。另以類似之字體，鑄成活字呈請註册，不爲侵害著作權。

版權和其他屬於出版上和書籍上的各種權利（上）

（Copyright and "Rights"）

在討論關於一本書的出版上的一切權利之先，應當先明瞭什麽是關於一本書的本身上的權利——版權。關於版權上的各種定案可如下面所述：

（一）最先我們應當注意到英國在一九一一年曾通過的不列顛版權案，（The British Copyright Act）中關於版權的解釋是：

「版權者：乃出產或翻製（再版）一件作品（書籍當然包括在內）或該作品中任何一部份實體，而公之於世之獨一權利，如該作品或作品中之任何一部份實體尙未發表，則版權卽爲發表該作品或該作品中任何一部份實體之獨一權利。」凡出版小說，或翻譯，攝製影片等等，均適用此原則，其有效年限以該出品人之終身，和他死後的五十年中賡續不斷。其有效的開始凡是在任何一個地方出版的，必須以一份於一個月內繳呈到不列顛博物院的理事會。（The Trustees of the British Museum）

出版是「發行一件作品而公諸於世」的意思，但是因爲在那版權案上「初版」是可以同時在各地發行的，所以不得不有一個限定，這限是就是各地出版時，不要早過在原出版地的十四天以前。

關於上述一點，美國的出版家和英國文學經理人是忽略的，事實上，我們在詳細觀察之後，美國書之在英國而沒有版權的固是占据了一個可驚異的數目，可是理論上也不盡然，因爲英國的出版家常採取一種「凡是活着的著作家都是有版權」的法則，在法律上這當然是沒有問題的，祇要一書在美國出版後的十四天內，向英國統治地登記後，便可以算是合法，在法律上不允許有任何以該書「改頭換面」的書出版。

可是當互易其位時：情形就不同了！凡英國書之在美國領土內出版者，其採取的方案恰巧是相反。換句話說，該書便沒有所謂版權，這種情形，會引起許多不幸的結果，以後我們當可以講到。

（二）波那（Berne 瑞士地名）版權會議：這會是由各國自願地在波那地方召集，其關於版權之協定，由各國簽字，並未有若何形式，關於文學作品的保護，當時是議定以四十年爲期，可是事實上沒有實現，集會期前後共三次，第一次召集簽字時爲一八八六年，以後復在一八九六年和一九〇八年開過兩次修正的會議。

當時到會的國家很多，比較有些文化的國家都曾加入，但也有若干重要國家是例外的，如中國，蘇俄，美國，和同美國的一致策的南美諸共和國，他們是有自己召集關於版權的會議，美國則因爲堅持以地方性（卽必須在美國出版者）劃分爲版權的條件之一，所以當時並沒有簽字加入。可是最近也有一條議案在考慮之中，這條議案，便是決定如何加入這版權協定的原則的。蘇俄的著作家，則繼承着沙皇時代的傳統思想，這種思想，不久也許會放棄的。至少一般人是希望着。

雖有上列諸國不加入這版權的協定，但簽字於這協定的國家所包含的人民，仍有九萬三千五百萬之多。

一九〇八年的修正案，在許多變遷中，最值得注意的，便是把翻譯和創作劃成一律，在前次的協定條文中，凡一創作在著作人原籍出版後已達十年，而尚未有別國譯本者，該國任何人卽可翻譯之，而發行於國內，不算侵害著作權。但一九〇八年的修正案，却是將創作權和翻譯版權看做一樣重要，於未經原著作人或原出版家允許，是一律不得翻譯。這次修改案公佈後，曾附帶聲明，各國可將新舊兩種條文自由採用，但大半國家是採用了新的條文，有一部份國家折衷於二者之間，更有一部份國家如希臘，荷蘭，意大利，和日本等仍保持了保留十年的翻譯權的原文。

凡在協定以內國家的著作家所出版的東西，協定以內任何一個國家都應當保護之，換句話說，其所保護之著作人，其「所在國（The Country of Origin）必須是在協定中簽字的，所謂「所在國」者可能釋爲「凡一作品未發表者；以著作人所屬之國家爲所在國，凡一作品已發表者，其初版之國家卽爲所在國。」假使一作品在幾個國家同時發表者，這幾個國家要是都是協定簽字國之一則幾個國家都須負責保護之。

英國，德國，及其他國家，凡某作品之著作人已死，則其版權保留五十年。（尤其是在英國，當一作品之著作人死，後版權已失效後之二十五年中，倘有相當限制。）有許多國家，祇有三十年。但西班牙却特別長久，竟延長到八十年。

在英國一般著作人於享受一九一一年的不列顛版權案和波那協定之外，其次應當注意及的，便是所謂連續出版的權利。（Serial Rights）

（三）連續出版的權利：在論理上講，一切出版物都可以算是連續出版物的，但眞眞是連續出版，或以叢書的名義刊行的，在每年的出版物中，却是很少。而連續發現於報章雜誌的文章，却又是並不一定需要用叢書方式出版的。好的書籍，不一定要成爲叢書。而連續出版。在事實上，好的叢書在編輯者的心目中，總含有一點賣關子的意味，卽是說第一次書發行後，一定有一種魔力使讀過的人希望再讀第二本。

普通文章大都是以單行本出版，很少分段登載的。但小說或名人回憶錄，（所謂回憶錄包括個人自述，旅行記，或冒險記，所謂名人也不一定限於別人崇拜的，祇要是名人就行。）等類的文章，却可以先逐段發表，然後集之成書的。

連續出版是需要時間的，所以有許多作家，因爲不願意把他的作品延挨則很久，所以仍舊是放棄了連續出版的權利和利益，而出版單行本。在出版家使用連續出版權，時也必須當心：第一要看作品有沒有連續出版的價值；第二，在已連續出版後，再把他集起來出單行本時，則當仔細地觀察其中的每一節是否還合時效。第三：在把已連續發表的東西出版時，必須看一看其中有無遺漏，因為在連續出版時是每段各成一單位的，少掉一節也沒有頂大關係。可是在出單行本時，就不能不顧到「完整」這一點了。有許多作家，往往會在這時候很巧妙地利用連續出版權，而獲較大的利益的。

在一般情形下，有連續出版權的小說家，是可以得到很大酬報的。但也有兩點應當考慮，第一譬如說一位有名的小說家，他所作的東西是絕對不能把它分段連續發表的。另一：則是一位無名的作家，他所作的小說，却是非常適合於分段連續登載。在這兩種情形之下，為推廣銷路計，仍以取前者為宜。我記得有一位非常有名的小說家，他做成了一篇小說，內容並不十分好，更不適宜於連續發表。可是那位作家却堅持非連續發表不可。所以他在幾家報館裏都碰了壁，最後他願意以較低廉地將版權賣掉，而仍以必須連續發表為條件。那出版家答允了，成交之後，出版家便把那稿子交給一位日報編輯的專家，大事改削，差不多祇留下一半光景，已很適合於連續登載，而用原作家的名義交給一家報館，結果那家報館願意出四百磅買去，大半的原因，還是震於原作者的聲名。所以一篇可以連續出版的作品，在「著者聲名」「內容」和「適合連續登載否」三個條件下，仍以第一個條件為最重要。

在美國出售連續出版權時，要碰運氣算數，有時恰巧投其需要，則他們願意出很高的代價。英國則標準比較的提高，而其取捨也比較的理智一點。

有許多人說連續發表後的作品，可以增加在出版單行本時的銷路，又有一種人說，連續發表後的作品會影響到減少將來出單行本時的銷路。這兩種論調都不免有一點偏見，平心而論，著作的名聲和本身好壞，總有關係。但連續發表的東西，其著作人所受到的實益，總是很大的。

譯自 The Truth About Publishing

（未完）

版權和其他屬於出版上和書籍上的各種權利

美國書的權利：除去有許多出名的作家，他們的作品是毫無問題地分開着在英美兩方面印刷者外；美國書的權利，常被英國出版家所握住的。現在（一九二九年）美國對於英國書之在美國製成者，其版權僅有效於在英國出版後之六十天內，（如將版本繳存一份於華盛頓的，則在六十天之外再加一百二十天，計有六個月）。不過已出版的書，或是正在出版的書值得在美國製成或繳存要做兩份排版或印兩次這樣事，究竟是很少。可是英國出版家假如說爲防止那些易於剽竊的書籍，對於這樣一個協定有興味的話，建設起來是非常可能的。所困難的就是，可以這樣辦理的書，數量不多，另一方面，美國出版協定上又有規定英國方面必須以一份電版或鉛版賣給美國出版家，以供其印刷之用，而英國出版家最後又仍須收回的。

在此兩方面間之任何一國，最後必採用普通書籍之大量生產。其結果對於任何被作者所保留的美國出版權利，大概很少再會增加困難。假使可能的話，出版家可再召集一個安全的分配協定。要是開始就把各種權利處置得很好，顯然會因情形轉佳而見好於作家的。但倘有一特別適用於新作家或一新標題作品的重要因素，我們不能不敍述一下：

通常美國作家到倫敦去拜訪常常是被迫

於時間的不足，他們需得一些好的用的作品，但他們缺少時間去鑑賞它。又不能向作家們一一拜訪，僅聽到少數作家或其經記人說得天花亂墮的言詞，內容無非是急於脫售一些原稿。在這種情形之下，美國出版家決不會被它所說動的。他們的回答是：「喏，我們的讀者有報告在這裏，這是他們所需要的書」。他們永不會盲目地去從無名作家或其文學經紀人那裏去購進一部書，這部書他們從未讀過，或者他們從未讀過這一位無名作家的任何一部著作。可是在另一方面，他們——美國出版家常常會接受英國出版家所介紹的書，因而獲得很大的成功。這是不是對於那些無名作家有所裨益呢？事實是很明顯的。更進一步說：有許多英國出版家具有很高的會譽，就是：他們對於出版某一部門內的書，非常有經驗，深得讀者的信仰，在這個範圍內的書，祇要是經過這位出版家選定後，馬上就會不脛而走，獲得廣大的銷路。

所以如何去選擇一個適當的美國出版家，是非常重要至於選擇的標準可得下列數點這些也是一位作者把原稿交給出版家時所需要的條件：

（一）必須有一穩固的財力（有許多作家在周詳籌劃之後，常把這一點擱在最後。但假使將來該出版家付不出版稅，那不是很壞的事情嗎？）

（二）應注意該出版家出版物的性質。（大部份美國出版家是趨向於出版專門書籍到某種程度，所以在出售書籍時，必定先要注意到該出版家出版物的性質。）

（三）應注意該出版家本身組織是否穩固（這應該除開許多極少的或是新的組織）。

（四）該店所需要你的書籍的情形，好像個人對於這有趣味一樣。（這點在極大的出版家應當除外）。

其他尚有較次之原因如說英國出版家以前對於美國同行的經驗等等，都可以幫助出版家的選擇。但有一點不應不注意，即出版家必須以某一作家之以後的全部作品歸給一家。這樁保留以後對於該著者權是有百利而無一弊的，在一張同樣的表上，一作家的每一冊書應分別爲其宣傳，我們可設例以證明之。譬如一塊燒紅的炭，它當時會很熱，但不久這熱力便成過去。而一堆炭卻可以維持一團很熱的火。同時作家和其作品之與出版家的關係，也是如此。一作家著成了一本書，很不容易叫人注意。但有了一打的作品，握在同一出版家手中時，很容易繼續地令人知道一切而廣開銷路。許多作品合在一起的容易引起人注意和推銷，顯雖比單一冊著作來得容易。一個圖書館或書商想獲得某一作家的作品，很容易在該出版家對於該作家的多數通知單上一瞥就成交；（但他們早已胸有成竹，那當然又當別論）。這種理論現在已漸漸爲作家或是文學經紀人所注意，這實在值得欣幸的事。至於目今還使一作家彷徨於幾個出版家之間，而使一個出版家不能集中該作家全部作品等等的事，實其最大責任還得由出版家負担，因爲許多人都貪圖暫時的利益，而各出版家所允許的利益，又不能一致，常常會發生出挖角等類的情形，惟不知到了最後，雙方——作家和出版——基於上述的原則，都是要吃虧的。

美國的市場有時反比英國的來得重要，因爲他們擁有廣大的人口，一本書被援進了以後，無疑是可以得到廣大的銷路的。而且他們的羣衆比較我們的（英國）更加容易領導。他們各個人之間很少有獨主的判斷，他們以社會本能爲前提，如果有一本書是違反了這個本能，那末牠能夠接近美國讀者的程度比英國還要差得多。某次有一個美國的出版家請路塞耳君（Mr. Bertrand Russell）寫一些關於社會主義，工團主義，無政府主義的書，已訂就契約，但當路塞耳君因在（Dora）事件的錯誤入獄而略損失他的名譽時，他的契約便立刻成了廢紙，而他的在某家出版的作品「自由之路」，（Roads to Freedom）立刻被改做「自由之路之建議」（Praposed Roads to Freedom）以迎合美國之羣衆。在今日那以前曾不敢出版「自由之路」的出版家，（他們現在非常懊悔當時爲什麼沒有這個勇氣）現在卻在大聲疾呼他們應得出版路塞耳君作品的「特權」了！所以出版家的所作所爲很少是能違反他們所供給的羣衆的意旨的。你不能在美國情形之下得到利益，除非有相對的損失。換句話說，這好像一個賭博，有時贏，有時輸，其轉移卻完全根據他們的社會本能。

老舍失竊

老舍君平時對於門戶，素稱小心，每日出入，必詳細檢視，一搭一鈕，必加嚴扃。上月某日，天忽大熱，晚間開沿街之窗以取涼，不覺酣然入夢。一覺醒來，室中佈置已異，計失去新購草帽一頂花手帕半打，想係自窗上鈎取，亦小損失也。

因爲工作方面的消費很大，所以美國出版家對於無名的或是不十分出名的作家付百分之十的版稅；或是對於有名的作家付百分之十五的版稅是很少再提高，無論如何，他們總不會超過百分之二十的。雖則那書的銷數是如何地大。

美國常常對於不甚合版權法的書籍付給版稅，但以百分之十爲最大限度。這種協定，英國出版家每加入之，他們供給一份電版或銅版以之在美國印刷，以省其兩份排版之消費，或美國出版家在該進口以後，要求加以印刷。均適用此種情形。

有時直接以印成之版本輸入。此種版本，或具有一部份原書之形式，時係分別在雙方面印成者。這方法常被美國出版家所採用。但以一時不易獲得廣大之銷路者爲限。美國有若干商店專進此種書籍，他們選擇那種不値得印刷或取得版權的書。至於去揀一個適當的商店去接近它。這是英國出版家的事（要是他們沒有分店在美國的話）。

版權以及其他關於出版上書籍上之各種權利(三)

剽竊——在以前有一陣，假如有人注意到美國的印刷物時，他一定會對於英國的文學財產引起相當的憐憫。換句話說，他們不忍看到英國的作品是這樣大舉地被剽竊。這當然不能一概而論，因為若干出名的美國出版家是應當除開的。他們決不會幹這種事，但在反面，正有若干美國書店專以剽竊英國書為習慣的。這種自由（就是說剽竊）的代價，是應當予以相當注意。要是有人說這種事情因為英國人在法律上沒有甚麼保障，而不能做一點抗議的舉動。那纔是一個大大的錯誤。在大部份的情形中，我們有一個對策能強制他有所忌憚，雖然其間有許多例子，但我們祇須解釋一個已夠了！

有一家美國的新開的出版書局，發行一種暢銷的叢書，在許多舊的文學作品內，間或加進一些現在尚活在的作家的作品。這些作品，在美國是沒有版權的。有的時候，他沒有得到我們的允許，擅自把我們表上所列的作品也加進了好許多，我們當然要提出抗議。但必然地，不會有什麼效果。可是這家新開的出版書店一定要希望做到兩件事：其一是希望他的出版物在美國暢銷；另一是希望和英國的作家開始發生關係。他們當然要請一個有名的文學經紀人去辦理這件事，同時，也要在英國的期刊或報紙上面登載廣告。在這位經紀人把這種含有英國版權成分的出版物送來給我們看，這似乎是雙方戰爭的陣線要開展了！

（一）我們寫信給這位經紀人，問他是不是知道這家出版書店是輯入我們現在活着的作家的作品，而一點報酬都沒有！正常的回答是，他們立刻就停止經售，至少他們會承認不再做下去。

（二）我們寫幾封信給這家書局在紐約幾位領袖顧客，指出在那叢書裏面包含若干當代作家的作品，而未得該作家的允許，同時並請他們致復函，證明是否確實。

（三）我們寫信給英國或美國的出版家協會，及其他若干出版家，引起他們的注意，並詢問他們對於作品被剽竊的一件事是否願意馬馬虎虎讓它過去，抑或提出相當的抗議？

（四）有時這書店的書籍廣告在英國的報紙上登載了，我們便寫信給報紙編輯，問他是否他們要成就這種剽竊當代作者書籍而不付版稅的出版家的志願。有許多編輯便寫信回絕這出版家說，為環境所迫，不能再繼續為他效力宣傳了！

（五）英國出版家與美國出版家訂立付款契約時，包括下列之一條，即美國出版家不能承認此種叢書之發行並且註明原因。

（六）最後我們把以上種種告訴這家書店，並對他說，這僅僅是一個開頭而已！

他們——美國的書局，會很快地自願的加入我們，允許付給已銷的版稅，並允許將來繼續付給。後來，我從他們店中的一位同事那裏聽到，我們所行使的一切方法，會顯示出極大的效力，而且情形非常簡單。「這是一種自動的天良發現」，他說「當你們發出了各種信件以後，我們店裏的電話便常常的響着，各方面的問詢都是關於你所說的話是否確實？是否的確時常有剽竊作品而不付版稅的情事？」

我是故意舉出一個極端的例子，在通常情形下，是不需要這樣努力的。有時祇要一舉手之勞，他們便馬上肯就範了！

我還得舉出一個頂壞的例子，這是關於一椿剽竊 Freud 的作品的事。有一位至今尙無籍籍名的美國人，把我們所出版的Dr. Brill 所譯的 The interpretation of Dream 摘錄一部份，把牠滲入Freud (Heinemann)所出版的作品中間，用另一個標題宣佈，還是Frend 的新作品。而且竟說是Dr. Eder 的「權威譯著」，尤其會驚異的，他還指出要版稅哩！

這家書店至今生意蕭條，自然我們還得常常予以困難的宣傳。

但是我還得鄭重聲明，剽竊終究是例外，而不是一個規則。而且那種完善的美國出版家，他們是非常有名而自尊，他們永遠覺得在不經過任何形式的協定之下去竊取當代作家的文學財富是有罪的行爲，而這班擁有版權的作家們，他們很希望美國能爲波那版權協定的簽字國。就是我也希望在本書出版後數年之內，美國加入協會的事情能夠實現。

翻譯權：翻譯權在波那版權協定各簽字國是自動地存在的。但是我們知道，其年限却各國不同。這種翻譯權，假使不存在的話，也並不會怎樣增加翻譯的出版的。換句話說，誰也不敢在不得允許之前出版譯著，以冒這個危險。這裏所謂危險，可分三方面來說：其一，譯出來的作品有否銷路，誰也不敢担保。其二，說不定同業會和你同時出版一樣的譯著。其三，假如你的譯著賣錢的話，担保那同樣的競爭本一定會出來。

翻譯權之價值，在理論上應基於已譯成某種文字國家讀者之多少而定其高下，但在事實上這方面的關係較少，而別方面的原因倒重要。譬如說德國，荷蘭，瑞典，丹麥，挪威各國人民對於英國作品所譯成自己文字之書籍，較其他拉丁民族的作品歡迎得多。因此要擬定法國或意國作品的翻譯權價值，就很難，許多人老是祇願出低價的。

翻譯權之切合於連續出版方面，也正和書籍權一樣；並且這種翻譯出版權授與或出賣也非常確切，一點不含糊。這是非常重要的。有許多外國報紙常常把翻譯作品登載在「小品欄」裏面，因此在事實上翻譯權之獲得，便不一定要使作品成爲書籍形式了。更進一步說，有許多翻譯家常常把它的作品零星投機地賣掉，希望在全部譯成後再出賣時得到利益。不過假使那位翻譯家找不到一位適當的出版家，那末英國的作家就處於不利的環境中，他們不但不能在當時得到權利，並且該譯著以後的出版一些保障也沒有。

所以最好在訂立翻譯權授與的合同時，對造要是一個出版家，而不是個人，尤其重要的，便是應該聲明凡連續出版權以及單行本出版權均包括內，同時讓渡之。

大部份的著者，現對此加以相當注意，而以確須出版為合同的要件之一。這樣是一種聰明的準備，做了之後，假使對方不在約定之時期履行出版諾言，他們便可根據此而自動收回一切權利。要是原著者有充分的方言能力，足以檢討譯著的內容的話，他還可以加一條說：必須經他允准方可出版，這樣一來，便可以防止那種未經原著作人允許的刪節了！

要說明翻譯權的各要點，我們不能不分國敍述之，一般說起來，英國文學書被翻譯的最大市場是德國。

（未完）

版權以及其他關於出版上書籍上之各種權利（四）

德國翻譯權利：直至最近為止，德國所付款之總數，通常已認為相當滿足。並因為缺乏經驗之故，頗有人至今尙視此為一種最好的方法。但在不久以前，雙方對於處理版稅的原則已發生了相當的困難，當然有許多陷阱是因為不小心的緣故，德國出版家的數目很多，我們應當知道與其和一位著名出版訂立一個不優異的合同，甯願和一位不大穩固的出版家訂立一個好的合同。英國出版家假使是 Borsenverein 的會員的話，他選擇德國書店以為代表的便利之處，決非著作人或中間人所能及，蓋這會每天所出版的一種商業期刊 Borsenblatt 很嚴格地限定，祇有會員才能够分發到，從這種刊物方才有機會去計量德國出版家的需求（著作人協會於限制英國出版家的機能時，往往忽略此種要點）。

版稅付給的數目，當視書籍之種類而異，但有一種方法，可計量其是否公平。

（1）預定可以銷去若干？（或者，這問題有時改為初版書籍之尺寸若何？）

（2）在同樣環境之下，在英國的版稅多到如何程度？

（3）翻譯的價值如何？

這是很顯然的，凡是譯著的價值應自版稅中減去，因為假使版稅已付得很多，那末出版家對於譯著，再不能多付一筆數目，換句話說，假使他不要付給譯者以購買譯著，則對於版稅方面自然便會有相當的增加。至雙方如有協定，可以少付版稅的，則買譯稿費當然也要增加的。

譯稿的買價，自然應該取決乎以後所得版稅之多寡。所以要估定譯稿的價值，有兩種方法。其一是先由出版家支付，然後陸續在版稅中扣除，一直到扣完為止。另外一種方法，是先假定以若干本之全部版稅為譯稿的買價，以後出版的書，著作人便可以承受其全部版稅。

在德國應該有一個協定，一方面應在任何形式之下阻止半年計算版稅的方法。另一方面，也應該使紙面和布面同樣地能照定價抽版稅。許多德國出版家，僅僅是把他們的紙面版稅照定價抽取。這在以前營業衰落的時候沒有多大關係，但在目前布面書潮流逐漸普遍的情形之下，困難雖然是很嚴重的。

在此我還應該插入一些話。就是：要是合同上對於譯著的事情沒有特別規定的話，這合同會受德國法律的保護，舉例來說：假使一位作者和出版家所訂的約不規定年限或滿年以後的出版方式時，照出版法的規定，著作人享受版稅二十年。在二十年之後，著作人無論單行本或選集的版稅權喪失，而出版家也可以自由把它出版而抽稅百分之五。此種方法，我覺得不列款的著作人和出版家都是應加以注意而研究一下的。

丹麥和挪威的翻譯權：英國書之翻譯權，隨便賣給丹麥或挪威兩國之一的出版家時，它在兩國出版的權利，總是同時出賣的。我們或者可以得到一個版稅的協定，但是他們總還是比較地常見。因為這兩種國家人口太少的緣故，我們之所希望從他們那裏所得的實數，當然不見得怎樣多的。無論如何，我想總有一個相當的銷數應加以尊重，譬如說：以第一次出版的三千本買掉之後，再來計算。這樣一來假使譯著有了意外的銷路，我們就可以受到久遠的付給了！

瑞典的翻譯權：賣給瑞典的翻譯權，所賺進的大約和丹麥挪威聯合起來差不多，因為瑞典的書籍，在芬蘭境內的銷路很大，有許多瑞典的出版家，在他們買進英國的翻譯權時，常常要和芬蘭方面的特約人，或分配者商議的，簡單地說，瑞典所需要的作品，每每和挪威丹麥所需要的差不多，原因是這三國的一切情形很多是相類似的。

荷蘭的翻譯權：荷蘭人於各國的文學作品中，祇有英國的最賣錢。我們仔細觀察一下，所有的荷蘭人，除非他們不懂別國文字便罷，要是懂得兩國或三國的文字，其中英文一定占了一種。所以英國書在荷蘭是占了一個可驚的銷數。至於荷屬東印度，那却是荷文譯著的大好市場，所以，荷人付給英國的翻譯版稅，雖不是一個頂大的數目，但至少總可以和丹麥挪威兩國加起來那們多，而且，他們一定要包銷若干數目的。

法國的翻譯權：我們在講述法國的翻譯權的時候，情形就顯得比較困難，法國出版家常常不客氣地估他們出版物的價，把價估得很高，（尤其是他們以為美國方面對於他們出版物有興味的話）但是在他們預備翻譯英國作品，要付出版稅時，就有點扭扭揑揑。

西班牙的翻譯權：西班牙方面的翻譯權，是有點捉摸不定的。假使英國的出版家，能夠使西班牙的出版家很滿意地往來的話，英國出版家方面至少得酬謝他們五百批沙。（約二十磅）還有一點必須注意的，就是西班牙的出版業中心瑪德里（Madrid）和巴塞隆那 Barcelona 是有同樣的重要，西班牙有一家最大的出版企業的總管理處，就在巴塞隆那，而且在卡泰倫 (Catalan 和瑪德里一樣地出版書籍。

意大利翻譯權的情形，和西班牙差不多，但要他們付出錢來，却還比西班牙為難。

日本的翻譯權：日本應付的錢，說起多倒也是一個不少的數目，但他們毫不顧到波那版權協定，剽竊的事情，極其常見。因此現付的錢，十磅十五磅以上是難得有的。

翻版書之溯源及其概況

月波

吾國因學術落後，不得不採取西方文化之長，以補其闕，從而輔導社會之演進，就教育一端而言：國內深湛之論著，未臻完備，在本館未曾編印大學叢書之前，舉凡專門學科之教本以及參考用書，皆以原本爲尚，當十八年外匯最高之際，（以美金一元約合國幣五元）社會經濟受極度激盪，讀書界莫不彷徨岐途，頓呈杌隉不安之象，翻版問題，遂成爲解決此項關鍵之中心，按翻印之術，發創於北方，其盛流於上海者以斯時爲濫觴，初甚祕密繼乃公開，浸而遍及各地。

統計美國因翻版所遭受之損失，每年約計十九萬金元，英國所損失者，雖未達此程度，其數額幾亦相埒。

數年來因世界經濟之演變，如英國放棄金本位制，美國提高銀價之結果，以國幣折合原幣匯兌率之差額，幾已恢復舊觀，英在於已失之市場，亦重復引起注視。

據西報載稱，英國出版業聯合會已進棄籌設對策，美國或亦將有施以類似之壓制折可能，並引論本埠翻版書擴展之日趨普及，侵奪之程度日見嚴重，一書傳誦未久，版權即有被剽竊之虞，更有甚於商業之損失者，爲著作人以竭其終身之精力從事於著述，應獲全世界之維護。

最近此間因翻版西書，而受懲處者，已有兩起。

其一，爲本埠某書局，因違背中國法，而受工部局之檢舉，其結果被搜書籍一千餘册。

另一案則爲蘇州某書店，因販售曾在中國政府內政部註册之高等物理一書，被某西商之控訴，而科罰金壹佰元。

據一般之觀察，翻版西書，今後縱不至完全沒落於市場，殆將有進於另一階段之動向。

英下院注意

翻印英教育書籍

請政府向我提交涉

〔路透社八日倫敦電〕今日下院開會時，保守黨議員米恩請政府注意中國翻印英國教育書籍在滬廉價出售事，謂應向中政府交涉請其簽定萬國版權公約，外相西門答稱，一九三一年英政府曾請中國當局改善版權法，並加入萬國版權公約，英政府今擬再考慮此事，如屬有益，擬續與中政府交涉云。

柯昌泗等為書報合作社譚天侵害新元史著作權一案提起刑訴經過情形

新元史著作權被書報合作社侵害後，本由開明書店依照契約提起刑訴，嗣因法院以該書係委託開明出版，著作權未完全轉讓，故刑訴應由柯氏提出，柯氏聞訊，委託孫祖基律師於二月二十三日具狀向上海第一特區地方法院對書報合作社譚天提起刑訴，其訴狀如左，

刑事自訴狀

自訴人　柯昌泗　四四　山東膠縣　住北平西城太僕寺街三十五號

柯昌濟　四十　仝上

柯昌汾　三六　仝上

被　告　譚天　住望平街二四三號書報合作社

為翻印有著作權著作物侵害著作權請求依法處罰並保留損害賠償事，緣自訴人等之父劭忞公生前著有新元史一書，旋於繼承開始後，由自訴人等依法將著作權呈准內政部註册，領有警字第四一五二號執照，並將該書交由開明書店股份有限公司出版，加入於二十五史中，孰知被告竟將自訴人享有著作權之新元史翻印，公然在報章上登載發售預約之廣告，查被告翻印有著作權之著作物，侵害他人之著作權，實已違犯著作權法第三十三條之規定，為特提起自訴，仰祈

鑒賜依法處罰，以資懲儆，對於所受損害部份，容待查明另請判償，並予保留，藉維權利，

至為德便，謹狀

上海第一特區地方法院

法院受理後，傳集兩造於三月五日審理，庭訊時，譚天一面為避免刑責計，百端推諉，一面為牽制自訴人計，提起反訴，其答辯謂新元史一書雖為已故柯劭忞所著作，但該著作人於生前曾經呈請前大總統列為正史，公諸國人，奉諭交部閱看，復據前教育部代理部長傅嶽棻呈經前大總統明令頒布列為正史，並經徐世昌以退耕堂名義印以傳世，同時坊間亦有其他印本，當庭呈驗，是該著作人柯劭忞生前早經拋棄著作權，並任人翻印無異，該新元史復有何著作權之可言，又謂及接到自訴人代理律師通知取得著作權之緘後，即停止發售預約，至一月二十八日之廣告，乃廣告員遺誤，未將新元史部份抽去，其實迄今不但未曾翻印發售，且於一月二十六日以後亦未發售該書預約，有發售預約之存根簿可證云云，柯君代理人孫祖基律師當答稱新元史定為正史，確係事實，但查著作權法第四條，著作權歸著作人終身有之，並得於著作人亡故後由承繼人繼續享有三十年，又同法第七條，著作物係用官署學校公司會所或其他法人或團體名義者，其著作權之年限亦為三十年，可知新元史即使為國家特定機關編纂，而其著作權亦仍為編纂之國家機關所有，不能令任何人翻印侵害，今新元史之著作權在明令頒為正史之時，令文中並無剝奪其著作權之語，是柯氏家屬對於新元史著作權之繼續享有，係國家法律所賦與，豈得謂為拋棄，至徐氏退耕堂刊本係得著作人生前之同意，又所謂坊間其他印本，實係柯氏家刻本，並非坊本，被告未明真相，故爾誤會，又既據被告聲稱一月二十八日之發售新元史預約廣告係屬誤登，如有確實證據，並一面聲明不再印行新元史，則柯氏不為已甚，自可撤回自訴也等語，刑訴法本規定於自訴案辯論終結前，被告可提反訴，又反訴後自訴人同時亦處於反訴被告之地位，臨

訊應親到.譚天乃利用此種程序.向自訴人提起反訴.謂一月二十六日以後未再發售新元史預約.一月二十八日之廣告係誤登.自訴人明知如此情形.提起刑訴.實係陷害.認自訴人爲誣告.譚之目的何在.固灼然可見.反訴提出後.除柯昌濟勉強撥冗南來應訊外.昌泗昌汾不能親到.不得不將自訴撤回.原狀錄後.

刑事撤回狀

聲請人　柯昌泗　柯昌汾

爲二十三年易自字第九二四號自訴譚天妨害著作權一案.礙於職務.未能到庭陳述.請求准予撤回事緣聲請人等前以譚天妨害新元史著作權.當經委託律師代理.依法提起自訴.蒙賜受理開庭審訊在案.孰意被告譚天自揣情虛.明知聲請人等均遠居北平.且有公務在身.未能請假來滬.竟利用刑訴法.具狀提起反訴.藉資牽制.其舞文弄法.用心不純.已可概見.茲除柯昌濟業已來滬應訊外.聲請人昌泗昌汾部分.不得已祇能具狀請求撤回.仰祈

鑒准.謹狀

上海第一特區地方法院.

法院據狀後.准予不受理.惟昌濟訴譚天部份.三月二十六日言辯終結.二十八日宣判.判決書如左.

江蘇上海第一特區地方法院刑事判決　二十三年易自字第九二四號

自訴人柯昌濟男年四十歲山東滕人住北平太僕寺街三十五號

右代理人孫祖基律師

被告譚天　男年三十二歲安徽人住山東路二四三號棠廟

右選任辯護人李　謨律師

過守一律師

右被告因妨害著作權嫌疑.經自訴人提起自訴.被告亦反訴自訴人誣告.本院判決如左.

主文

譚天柯昌濟均無罪.

理由

查自訴人謂被告妨害著作權者.即指被告於本年一月二十六日接到自訴人代理律師通知自訴人已於二十四日取得新元史著作權之信函後.仍於同月二十八日登載新申各報廣告發售新元史預約而言.據被告辯稱柯劭忞所著之新元史.前經大總統命令列爲正史.故於去年擬發行該書發售預約.及接到自訴人代理律師通知取得著作權之緘後.即停止發售預約.以待內政部行政解決.至一月二十八日之廣告.乃廣告員遺漏.未將新元史部份抽去.其實迄今不但未曾翻印發售.且於一月二十六日以後亦未發售該書預約.有發售預約之存根簿可證云云.按著作權法第三十三條所謂侵害著作權.乃指被告實有侵害著作權之行爲者而言.如翻印仿製發行著作物之類.發售著作物預約.固亦侵害之一種.然亦以實有發售之行爲.方始構成該條之罪.若僅登載廣告而無發售行爲.尚難謂爲侵害著作權.即無犯罪可言.蓋登載廣告是否可認爲犯罪已經着手.抑尚在預備狀態.姑不具論.即認爲已經着手.然尚未發售.亦非既遂.著作權法並無處罰未遂明文.亦難論罪.況於一月二十八日以後.即不續登發售新元史預約廣告.又經被告提出中國通訊社廣告部之信證明一月二十八日之廣告係前用舊稿.未及刪改.則被告所稱係廣告員之疏忽.尚屬可信.是被告更欠缺犯罪之故意.亦難成立犯罪.再查誣告罪以揑造事實爲成立要件.本件被告既有登載發售新元史預約廣告情事.則無論構成犯罪與否.要非揑構事實.而爲虛僞之告訴.即非誣告.據上論結.應依刑事訴訟法第三百五十七條第三百一十六條判決如主文.

中華民國二十四年三月二十八日

江蘇上海第一特區地方法院刑事簡易庭

推事葉聖超印

本件證明與原本無異

書記官韓　印

柯氏接奉判決書後.不欲過事苛求.業已捨棄上訴.但以後外界如發現翻印仿製發售及以其他方法侵害柯氏之新元史著作權者.柯氏爲本身之利益計.仍當請求法律救濟也.

中央圖書館主編

堤文

論評

著作權之保護及其限制

劉傑材

一、著作權之性質

著作權爲一種智能權；著作權之保護，乃是對於個人智能之出產物，基於奬勵文藝學術或美術之目的，而加以保護之者也。故爲著作權者，乃指關於文藝學術或美術上之著作物，依法定程序註册，專有重製之利益爲是；觀著作權法得享有著作權之著作物，爲書籍，論著，及說部，樂譜，劇本，字帖，照片，彫刻，模型，及其他關於學藝或美術之各種著作物等規定，至爲明顯。其範圍，固有確定，且著作物之至要權利，則在重製之一點，所謂重製者，以同一之著作物，而仿造之謂也。例如文書圖畫等之印刷或攝影等是，此不問其形體若何，方法若何，要不失爲重製。惟就他人之著作物闡發新理，或以與原著作物不同之技術，製成之美術品，皆得獨享有其著作權，而不得目爲重製，如就他人所著之小說編製電影劇本及仿他人圖畫以爲彫刻模型或仿他人彫刻模型以爲圖畫等，因彼此所需之技藝各異，故亦不發生著作權侵害之問題。又著作權之權利爲專占之權利，故著作權之重製，除著作人或其權利之繼承人外，不得享有之。而著作權之成立，考各國立法例，頗不一致，有以認爲自著作物完成之日，而即發生者，有以必須以經過註册之程序後，而始認爲發生者。在我國著作權法第一條稱「就左列著作物，依本法註册專有重製之利益者，爲有著作權；」

足見著作權之享有，採用依法註册，爲其成立之要件；因此著作權須在註册以後，始得發生侵害與否之問題；反之著作物，如未經過註册之程序後，如有侵害則爲通常之利益，即不得享受著作權法之保護。又計算發生權利之期間，依法亦自註册之日爲始。關於著作權之享有，而爲著作人，固無疑義；惟間有著作人之承繼人或他人，亦得爲著作權之主體；所謂他人如(1)讓受人，(2)出資人；蓋著作權頗似個人之私產，通例可以轉讓於他人享有，我著作權法，亦復如是規定；至出資人係其以資金聘請他人所成之著作物，其著作權除當事人間，另有特約以外，原則上應歸出資人享有；再著作物如非出於一人之手，而由數人共同著作者，此際之著作權，乃屬於各著作人所共有；又有蒐多數之著作而編爲一種著作者，苟不違法，則所編成之著作，亦得享有著作權；其次如以官署學校公司寺院會所等名義，發行之著作，則此等機關或團體，一律得視爲著作權之主體，均得享受法律上保護之利益也。

二、著作物之範圍

著作物範圍至廣，或爲固有之學理，得其闡發而彰著之，或爲一己之心得，創始而發明之，故著作物無論巨細，其關係社會進化，至爲重要。而著作者，必須勞精竭思，或經年累月，始克表現其成績，設非明定規程，以爲標準，既無憑從事審核，復不足以促一般之信守，而保障著作者之利益，此著作權法，關於著作物，首先必須有明確之規定也。依現行著作權法之規定，關於著作物之範圍，乃係採用列舉主義，而未設一概括之條文，故其適用之結果，不免稍有遺漏之嫌，如前次滬上發生唱片播音奏演權之問題，結果因著作權法並未規定及此，而逸於著作權法保護之外，似欠周密。此點於將來修正著作權法時，除明白增入唱片影片等外，並須設一概括之條文，以救列舉規定適用之窮，而括無遺。茲僅就著作權法所設保護之著作物，分述於下；(1)「書籍論著及說部」此所謂書籍論著乃包括詩賦文詞，而以一己之意思，自行撰述，或將前人之傳本，加以註疏箋釋之類皆屬之。至於說部者，乃對於已往之事實，或未來之推測之論斷者也。(2)「樂譜劇本」此所謂樂譜劇本者，大凡以其一己之心得，而有所發明別樹一幟者，皆得承認其爲著作物並享有公開演奏或排演之權。(3)「圖畫字帖」此所謂圖畫字帖者，凡非剿襲雷同，而且深造有得，自成家數者，自應認其同爲著作之物。(4)「照片彫刻模型」此所謂照片彫刻模型者，乃以照片彫刻模型，事關藝術，非悉心研究自出機杼者，不能有獨到之技能，故亦許其列於著作之一。(5)「其他關於文藝學術或美術之著作物；」此所謂文藝學術或美術之著作物，其類至繁，舉凡上述各款所未列入，而能開闢新穎，有所表現者，均以著作物論。(6)「譯文」所謂譯文者從此文字之著作，而譯成他種文字者，依我著作權法亦視爲著作物；以上所舉各款之著作物，均得享有重複之利益，故其著作苟屬適法，皆得依法註册，而取得著作之權利。此外關於各種事業或科學之發明，政府另有保護之法規，而不得遂認爲得享有著作權法之著作權，此無待深論，極爲顯然也。(待續)

論評

著作權之保護及其限制（續前）

劉傑材

三、著作權之保護

以保護文藝之學術或美術之發達爲目的，而保護各人智能所生之産物者，爲著作權之保護；蓋著作之物，必需相當之勞力，若對於著作者無保護之設置，則有益之著作，不能續出；而有益之著作，旣不能續出，自有阻害文運之進步；故各國對于著作物無不設有相當保護之制度，惟其保護之手段，各異其是耳。蓋著作物各個著作人享有之權利，界限極爲明瞭，不容稍有紊亂，此爲法理上一定不易之原則；今若以他人已成立之著作物，而未能臻於完善之境者，遂以一己之心理，爲之推闡盡致，發揮無遺，是其著作行爲，係就他人之原有著作物．推而廣之，與其他侵害原有著作人之權利者，截然不同；至或以原著作物不同之技術製成之美術品，雖美術之結果，無所差別；但其所製成之美術品之技術，果門類互殊，是其技術，各有專長，不過殊途而同歸耳。故關於此種情形，均各認得享有著作權，而不得指爲有著作權之侵害，而妨文藝學術本身之發達。考我著作權法，關於著作權侵害之保護，規定有五：（1）凡經註册後之著作物，他人不得擅自翻印仿製，或以其他方法侵害他人著作物之利益。（2）對於原著著作物之改竄割裂變匿姓名或更換名目而發行者，其情形有二：（A）凡接受或承繼他人之著作權除得原著作人同意或受有遺囑者外；不得將原著作物改竄割裂變匿姓名或更換名目而發行。(B)著作權年限已滿之著作物，視爲公共之物，不論何人，不得將其改竄割裂，變匿姓名，或更換名目而發行。(3)凡冒用他人姓名，發行自己之著作物，以侵害他人著作權論。(4)未發行著作物之原本及其著作物，除經本人允諾者外，不得因債務之執行，而受強制處分。(5)節選衆人著作成書，以供普通教科書及參考書之用；及節錄引用他人著作，以供自己著作之參證註譯者；如經註明原著作之出處時，則不得以侵害他人著作權論。大凡著作權，一經依法成立，皆得排除一切侵害，以達保護著作權之深旨。故凡有違反上述各款之規定者，在著作權法上，均設相當之處分，以資救濟；此於各國之立法例，亦無不盡然。第我著作權法，關於保護著作物之規定，係採列舉主義，前已述及，凡於法文未及舉者，例不保護，且於事實上，間有著作物有於公益上不得與以著作權者；或有由於本人之自由意思，而拋棄應有之著作權者；法律於此，自不加以任何之保護也。詳究我著作權法，關於此情形，約而爲七：(1)法令約章及文書案牘。(2)各種勸戒文字，(3)公開演說及宣傳，而非純屬學術性質者，(4)顯違黨義者。(5)依出版法之規定，禁止出版之著作物，(6)久經通行之著作，(7)著作人自願任人翻印之著作，(8)新聞紙或雜誌記載之時事或報告。此皆爲概括之規定，如所謂顯違黨義之著作物，則頗難立爲界說，大凡非含有煽動之意義，而係研究其他主義理論之參考者，例不所限。及所謂久經通行者，依法指爲已通行二十年以上著作物而言也。

四、著作權之限制

著作權爲專占之權利，其所以爲專占之權利者，無非給示著作者權利之優異，並籍以提高著作者於著述上之專心，但此等專占之權利每因時代之不同，或緣學術之變遷，假若聽其永久享有則不免反於社會之公益，故法律於此，斟酌情形，各定有相當期間之限制。惟因各種著作物之性質不同，而其權利存續之期間，亦自不能期其一律；依我著作權法之規定，其情形如：(1)一般著作物之著作人爲終身，並其死後三十年間，享有之；但著作人之故後，若無承繼人，其著作權，視爲消滅。(2)著作人死亡後，由其承繼人發行之遺著，或不署姓名或以別號發行之著作，及以官署學校公司寺院會所等名義發行之著作，其著作權均爲三十年。(3)照片之著作物，除附屬於他著作物，隨同其期間存續而外，其著作權爲十年。(4)數人共同享有著作物之著作權以其最終死亡者後仍存續三十年。(5)如從一種文字著作以他種文字翻譯成書者，其著作權之期限爲二十年；且不得禁止他人就原著另譯，倘其譯文無甚差別，而近勦襲者，自應予以限制也。其次著作權發生之年限，不以著作事實完成之日爲始，而概以自註册後最初發行或排演之日起算，如係編號逐次發行或分數次發行者，則均以首次呈請註册時予以聲明之義務，並於每次發行時，仍應踐行呈報之程序；如屬定期刊物，得由內政部准其省略各次發行呈報之手續。至此種著作物之著作權，如係編號逐次發行者，其年限之起算自每號最初發行之日爲始；如係分爲數次發行者，其著作權之年限，自其最後部分，最初發行之日爲起算之日。但該著作物，雖未完成其應行著作之部分，而已逾三年尙未發行者，以已發行之末一部分，視爲最後部分，而杜權利之始期與終期之爭端也。至在著作權法施行前已發行之著作物，自最初發行之日起未滿二十年者仍得依法承認之，惟其著作物之通行已滿二十年以上者，自不得享受著作權法之保護矣。再如著作權法之法定存續期間，果已屆滿，則其權利當然消滅，此所謂著作權之消滅者，以專有權之主體喪失而屬於社會上公共物之謂耳。又著作權消滅之原因，固以期間屆滿爲原則，然使著作人死亡，而無承繼人時，則權利之主體，既已失其存在，若拘泥於期間之未屆，不以之視爲公共之物，轉使其著作湮沒不傳，徵特反於公益，恐亦非本人之用意，故當此之際，法律特認其著作權亦歸於消滅耳。

「王先生」影片版權重歸天一

葉淺予以二千四百元脫手

葉淺予繪「王先生」漫畫五六年，忽然爲天一公司所賞識，商請葉淺予的版權，由湯傑曹雪松飾演王先生和小陳，拍成滑稽影片，居然生意很好，後來湯傑曹雪松和天一鬧翻，約同葉淺予一起離開天一合組新時代公司，專攝王先生影片，由葉淺予任經理和監製，湯傑導演兼主演，一切攝製上事務均和明星公司合作，明星公司各巨頭也同時加入新時代公司爲股東，於是這「王先生」影片，就此由天一而明星了。

在明星的關係之下，王先生影片先後產生「王先生的祕密」「王先生過年」「王先生到農村去」等三部，前二部爲無聲，後者係有聲，惟自「王先生到農村去」攝竣之後，新時代公司忽然結束，他們這一羣也就和明星公司斷絕了關係。

葉淺予爲了戀愛上問題，離開上海到南京去；湯傑曹雪松隨同明星劇團到華南去；勞燕分飛各西東，新時代公司與「王先生」影片便這樣地湮沒了。

前幾天，葉淺予回上海來，就在回上海來的時間中，天一公司又向他挖「王先生」的影片版權，葉淺予已答應將四部戲的攝製權讓與天一，每部六百元，一共二千四百元，簽合同時先付半數。現在合同已經簽字葉淺予也已帶了一千二百元法幣到南京去了。

戲劇

毒玫瑰劇本版權案

將有新開展

口痕

毒玫瑰這一部劇本。是粵劇劇作家歐陽漢扶（筆名最懶人）所編纂的。原始是舞台劇。當時由新景象劇團以五百元的代價買得舞台出演權。交由伶人薛覺先。廖俠懷。謝醒儂。嫦娥英等排演。因爲劇情的曲折。歌曲的美妙。和編製手腕的技巧。這些一切上。自從經過第一次公演以後。果然獲得廣大觀衆的贊賞。成爲十分賣座的製作。其後新景象劇團全盤營業。頂給利舞臺主人利希立承受。自此新景象劇團便改名大江東劇團。同時新景象劇團的一切所有物。連毒玫瑰劇本板權在內。通通轉歸大江東劇團領受。雙方交易清楚。還簽有約據爲憑。這還是八九年前的事。

後來直等到前年夏天。利希立氏成立了一間華夏製片公司。他盤算着薛覺先夫婦將粵舞台劇本「白金龍」搬上銀幕。竟然大開賣座紀錄。賺進十多二十萬塊洋錙。他便想及毒玫瑰這一部劇本如果改拍聲片。將來在營業方面。相信定有絕對把握的收獲。因此他便決計進行拍製毒玫瑰聲片依樣聘用薛覺先夫婦歸來做主角。打算拍完之後。在各地放影起來。雪白銀圓就滔滔地滾進袋口。那才笑迷雙眼呢。

不料天下偏偏難得爭氣。在毒玫瑰開拍了三千多尺的當兒。華夏公司竟因收音機器的買賣轇轕算不清楚。和德國技師鬧翻了臉。德國技師在氣頭上索性溜之大吉。所以華夏公司便逼要停止工作。同時却成全了天一公司的「割靴腰」的機會。提起「割靴腰」這一套把戲。本來就是天一邵老板的拿手好玩意。他是時常留心着觀準同業的罅隙。遇有可以伸得手的 時候。他總是不 客氣地做出來的。就在華夏公司停了開拍毒玫瑰的當兒。薛唐夫婦急於完成一套的工作。好進行拍演第二套片。這在時間經濟上來打算。那些心眼根本就是「人所常情」不足怪責的。所以他們夫婦兩人就覺得太不耐煩來等候。這遙遙無期的繼續開拍工作。再經不起天一邵老板——甜口滑舌的勸告。因此就答允了天一的要求。即將拿過了華夏公司的薪金。退還利希立氏。那無異是脫離華夏公司的表示。而削一方面却和天一公司訂下新約。在十天期內替天一公司拍演完成整套毒玫瑰聲片。

天一公司邵老板向來有「生意眼」的名銜。他有他的主意。這主意就是：「祇要出品出得快捷。好不好却是另一問題」：所以在十天期內要拍起一套毒玫瑰。像邵老板般材調準可以幹得來。果然不消十一天的時間。毒玫瑰的拍製終於完成了。像這麽快工製作的成績。確使同業們驚嘆。至於華夏公司老板利希立氏呢？他除了慨嘆之外。更感覺得「不勝憤恨之至」哩！可是利希立是一個有身家的人。有身家的人是最受不起委屈的。誰個給他委屈受。總準要還點顏色給誰個看；所以在意氣爭強上。利希立承認天一公司這般所爲是侵佔他的利益。換句話說就是明顯地欺負他。他是斷斷不肯任由別人隨便來欺負的。他要向法庭上進行法律的解決，那便是毒玫瑰劇本板權。大打官司的造因。

官司是經打處了。原告方面華夏公司利希立。被告方面是天一公司邵醉翁。兩方面爭執點是：「毒玫瑰劇本板權歸誰所有的問題」；後來被告方面經過詳細的研究。才曉得毒玫瑰劇本的板權。仍然存在著作人歐陽漢扶的手上。因歐陽漢扶從前買給新景象劇團的。不過是粵舞台劇的演出權。而並不是銀幕上出演的著作權。所以大江東劇團。雖然承受了新景象劇團的一切所有物。但關於毒玫瑰劇本著作權仍不過是舞台劇的演出權能了！如果拿這些資格來控訴天一公司侵佔板權。這是不能成立罪名的。因爲天一公司演出的是毒玫瑰電影脚本。顯然和舞台脚本有別。那就有什麽侵佔可言呢？所以如果控訴天一公司侵佔板權的話。除非是劇本著作人。歐陽漢扶配有

（續在第四頁）

毒玫瑰版權案枝枝節節

·怪探·

歐陽漢扶與利希立脫離合作關係
預備致函天一約期接洽賣買版權

關於毒玫瑰版權大打官司的消息，上期已經說過一大堆話了，這一期要說的，就是：「這一塲官司最近的開展和官司裡的一切複雜情形」。

大凡每一塲官司的構成，必然有「原告」和「被告」兩方面的對立，可是毒玫瑰版權官司的當中，單從原告一方面來說，卻又劃分爲兩個壁壘，至於這兩個對立壁壘的造因，總不過是雙方權利有衝突，所以大家勾心鬥角在同一戰線上暗裡爭執起來，才把這一塲官司遷延擔擱了一年多的時間。

讀過本刊上期談論「毒玫瑰版權案……」這篇文字的，當然不會忘記誰是這一塲官司原告方面的兩個壁壘，他們一個是華夏公司老……利希立氏，一個是毒玫瑰劇本著作人歐陽漢扶，集合在一條戰線上，向天一公司提出合法的控訴，我在第一期這一篇文字裡曾經說過，要控訴天一公司偷襲版權的罪名，除非是劇本著作人才配有資格，不過利希立當時在氣憤之下，未嘗致慮過關於控訴的合法資格這些問題，胡亂地意氣用事地拿自己獨個名義來進行他們的控訴；後來發覺這是不合法的手續，將來難得希望勝訴的，他經過他的法律顧問多方的研究，才急要找尋歐陽漢扶來加入控訴的程序，那時歐陽漢扶因爲丁憂在側，隱在鄉間居住，利希立遂一連打過兩封急電催促歐陽漢扶快快出來，這時他的情狀急遽，也可想見，

歐陽漢扶接過兩封急電之後，終於由鄉間跑出來了；當時和利希立訂妥了合作的條件，便答然簽押誓章加入原告的控訴，至於合作條件的內容，聽說大約是：(一)所謂控訴天一公司的一切費用，都由利希立負担；(二)在訴訟期間，歐陽漢扶要在香港居留，等待法庭傳訊，所以歐陽漢扶的相當生活費用，亦應由利希立按月供給；(三)將來官司如果勝訴的話，所得利益照數均分，歐陽漢應佔有若干成份。關於這些條件種種問題，利希立在急切需用情境之下，通通都接納下來，因此這一塲官司便順順利利進行着。

時光真像飛快，訟事不覺三四個月了，起先進行得還起勁，而所得的成績，已經得「毒玫瑰」這一部片子扣押起來，並且禁止在本港開演，眼見得相當勝利是有把握的了。後來案情有多少故障，原告人的法律代表人又爲着別種事務要離開本港訟，因此訟事便擔擱着，那當兒，利希立答然供給歐陽漢扶相當的生活費，由每月二百元的數量漸漸減縮

(接毒玫瑰劇本版權案)

資格。關於這些原因。天一公司就不懼怕原告的起訴。同時利希立也發覺。自己單獨起訴的力量太弱。還要拉攏歐陽漢扶聯合一條戰線。同一站原告地位。加入誓章。一齊向法庭起訴。天一公司抑不過鐵的事實。才供出毒玫瑰的劇本。雖然偷襲得來。還要自認不是押。因此原告方面。當庭請求將毒玫瑰聲片扣押。在訴訟未解決以前。不准在香港放影。這還是去年年頭的事。在當時曾經哄動過港粵社會呢。

不道事情一擱就擱到如今尚未解決。亦不聞有什麼訊息。這完全基於種種故障關係。可是現在得到一點消息。這件案快有新的開展了。聽說劇作人歐陽漢扶有獨自進行解決。全案的企圖。詳情如何。下期報告吧。

到一百元，這無疑地是背約的行動，而給予歐陽漢扶大大不滿意的。訟事到底一時未得解決，而歐陽漢扶卻不能一時停止生活，因此利希立越發感覺得生活費這一着殊不合算，便越發要減縮起來，直至到去年十月期間，索性停止供給了。錢呢？本來是裝載在利希立的腰包裡，他要停止供給的支付，難道歐陽漢扶硬　要挖他的荷包嗎？作算搖尾吃憐都是無濟於事的，歐陽漢扶要奈他何也沒有什麼花樣，除非是用消極的抵制來對付！後來歐陽漢扶終於應用唯一方法——消極抵制——來對付利希立了，那就構成這一場官司延遲解決的絕對理由。

可是話又說回來了，利希立有的是錢；至於歐陽漢扶呢？卻是一個家無恒產的窮光蛋，試問窮光蛋要和有錢人鬥氣，可算是「必勝」的事嗎？所以歐陽漢扶用消極方法來抵制利希立，這案情就延遲解決，這於利希立有什麼關係呢？歐陽漢扶急於應用的是官司勝訴的利益，官司遲遲解決，到頭來還不過自己耽誤了自己吧了，關於這—眞令歐陽漢扶有氣沒處伸，眼白白受利希立的壓抑，這才是窮光蛋要受有錢人欺凌的老例哩。歐陽漢扶會多般那麼思量過：要自己獨立起訴的話，又沒有預備相當的費用，更怕從前告利希立合作所耗去的欵項，雖然有過口頭的成約，要由利希立本人獨個來負担，但是既然大家鬧了臉，不難利希立會食言背約來追索，那就弄到歐陽漢扶不覺躊躇起來，始終不敢另闢局面的表示。

不過諺語有說：「瞎子也有人手拖過橋」。何況歐陽漢扶平日結識的朋友確係不少，當中就有一個「看不過眼」的熱情漢，拍起胸膛豎起拇指，要替被人欺負的朋友來出氣。這熱情漢聽說是一個姓何的，他已經準備着需要的準備，替歐陽漢扶來硬幹一下，聽說日前已經由代表律師用書面通知了利希立，說是歐陽漢扶決意脫離已前的合作關係；又預備通函天一公司主事人，約期接洽版權的買賣哩。

以上所說的話，就是毒玫瑰版權案最近的變化，我們瞧着他們的變化，將來到底有什麼新開展吧！

中國出版界的狂想曲

——漫談所謂『西書影印』（西書翻印）

程憶帆

『西書翻印』（時髦說法：『西書影印』）近三兩年來居然大放異彩，簡直是一種異端，甭說是彩。商人興奮了，用書人興奮了；雖然許多人都已經安之若素，幾乎認為當然，但是，我看，這實在是一件大可悲痛的事，一件包括許多問題的事！……

※ ※ ※ ※

這一種『事業』，我不想花時候作一篇通考；可是牠的演變情形（好聽的說：進步情形），我們不妨回顧一番。西書翻印的前前後後，總不下十年，最近三兩年的來勢兇猛，的是驚人。

最先最先，總是十多年前的事。不知是何種動機所致，商務曾經翻印過幾種教科書。我所記得的：麥韓二氏的『化學初步』，和 Osborne 的『微積分學』。翻印的數目大概不多，而且是非普遍性質的，所以曇花一現，到現在早被遺忘了。我們尚不能說商務是始作俑的，因為那時好像僅是排印的，而不是現在的所謂影印。

印影的鼻祖該是天津的『北洋』，時間約摸是十年前。北洋的印刷術，自命為首創的(?)，是將原書用化學方法滲在石板上的印法。北洋的生存是寄在北洋大學方面的，當初所印書的祇是一些北洋大學及其附中的教本。北洋五年前尚是鼎盛時代，近來因為這事業的『進步』，已經需要生存競爭了。

繼北洋而起的獨立『企業家』有北平的北京圖書公司及其上海分公司，麓山書店，圖服務社，上海圖書公司，龍門書局，文華印書館——或許尚有其他；此外小規模的有北平的師大附中的數學叢刊社，北大出版社和大學出版社，南京的鍾山書局，和武昌的珞珈書社。

各大公司都備有目錄，三十頁以上及千條書名以上的目錄！其實只有一部分是自印的，此外都是他家出品。大略統計一下：社會科學約二百種，數學約二百種，物理學約百五，化學二百五十，工程約四百種，生物學及農學約百五十種，語言學百餘種——中有少數係文學作品。原書美國最多，英國次之，德法不過少數而已。

四年前的翻印，幾乎全是中學及專門學科的通行（外國）教本。但是三四年來企業家因爲『應學界之需要』幾乎重要的參考書和名著也給吸收盡了（數學物理化學爲最，工程尚在其次）。只要稍稍舉幾個例，真可以嚇退外國出版企業家。理科方面，筆者比較熟悉。古毅的三本數學分析有了已久，達 Whitaker 的近代分析學也來了；Haas 理論物理學來了，Planck 的五本也來了；英國人纔從德國譯出的Low氏理論物理學，我們不出半年也趕上了，Grimshell 的五本物理教本也一樣快。劍橋大本藍皮的 Jeans 電磁學也來了。化學方面更是玲瑯滿目：Allen 商業有機分析十大本，Mellor無機及理論化學學大全十三大本，Scott 標準化學分析法二大本……諸如此類，美不勝收！

名著（很有人要買的）幾乎打盡了。要生存競爭，企業家不惜化大本錢，印大全啊，印辭書啊！Glazebrook氏編之五本應用物理學辭典出現了，Thorpe 編的八大本應用化學辭典出現了。哥倫比亞大學赫赫黃皮十五大本的『社會科學大辭典』(Seligman編）也來了！

天啊，再印些什麼？上海某大學教授『擬』定——其實是選定：印德國的實驗物理學大全——包羅萬象，專家分述，百卷以上而尚在續出中的實驗物理學大全！未聞繼報，印不成罷？我替外國出版家噓一口氣！

翻印『事業』的『發達』不僅如此也，『企業家』野心未殺：上海某家去年曾發一小冊雜誌目錄，徵求贊助加入影印——計劃新雜誌一到就按期影印！專門的，普通的，科學的，文學的；一網打盡，不下數百種，上自英國 Proceedings of Royal Society，下至Readers Digest。然而沒有下文（終因爲沒有很多人熱心贊助罷？）除了 Chemical Abtracts的一些舊號(back numbers)。真是出我意料之外！

這種似乎偉大的『事業』已經走到極端——由教科書而專門書，而名著；貴重的巨型參考書，而雜誌，而舊號雜誌，真可謂猖獗之至了！這是影印專家們鈎心鬭角，有孔就鑽的結果。近來衰象也起來了，有幾家站在聯合戰線上了——書價由九折落至六折。不景氣的原因是：最易銷賣的中大學教本，影印雖易，但影者太多，因競爭而跌價至無厚利可圖；國文教本近年或編或譯爲數大增，再加中學西文程度越來越差，教本銷路大減；至於專門書藉因爲需要不大，而成本甚高，定價昂貴，因此難以普遍；巨型參考書也是成本最高而需要者少，雖用預約辦法，以圖穩健；但招徠仍大不易；雜誌的問題，企業家不會『成功』，雖有需要，但是第一總不能得到心理上的同情！

＊　＊　＊

筆者在讀書時代最愛逛書攤兒，串書舖兒，這些目睹的怪現狀留得印象很深，此刻暴露（並無絲毫的同情！）給諸位書的愛好者們，原是希望大家更意識着：這些醜態狂恣是很可痛心的恥辱——文化的恥辱！

這種侵害他人權利的行爲，就法律的觀點上說，誠然是該受制裁受干涉的。但是假借了『幸而中國未加入國際出版協會』的一個理由，就無天無地了。外國書商也曾局部的提過抗議，但並無有效的結果。政府對於這種『走私』，暫時還完全放任着。在讀者的需求，同業的活動，資本的運用三方面的支配之下，這個像樣的『企業』雖曾有過一番盛況，不過現在居然也有悽慘的衰象了。

書商只當這是一種賺錢的方法，除了在廣告上說一些『播揚文化，爲學子省大量之金錢』等等冠冕堂皇的話以外，還考慮點什麼。這年頭金錢混亂了多少是非？

這種走私的本質就是表示我們多方面的貧乏．學術的貧乏，印刷事業的貧乏；此外，根本的生活程度的低下——更重要的，一個取巧將就的心理！學術界著作的貧乏，是我們最敢怨恨一件事情：二十年來多數大學教授們及其他的文化使者不知何所事事，最起碼的教本也不曾預備！他們多半以爲國外佳作太多（這是事實），大可不必了——但是其中還有一種低微無恥的心理在！此外，出版界也大可嘆。祇要錢其他可以什麼都不問不聞的書商站在麵包綫上，對於銷路不能廣的書籍（專門書）總不樂意接受——雖然近來情形比較好些。這兩件事使我們不得不看重我們的東鄰了：日本人專門著作的『廣抄』本領的是驚人，但這是一種努力，比『走私』高明得多了。我常常發現許多日的文著作比許多西文的好：常是採許多專書的精華而有之；所以至少從這一點說，我對於錢稻孫先生所說『外國文化到了日本就成爲日本自己的文化』一句話大大同感。日本學術界的努力同印刷界的發達當然是相輔而行的；且看日本各色各種『大系』『講座』配本之風行，真使我們又汗顏又歆羡！那些只替翻書公司做廣告的教授先生（這自然也是一種『浪人』！）真是何以自堪？

翻印西書所以能風行而『無忌』，我說：一般讀書界購買力的薄弱和一般知識界低微的苟且將就心理，都是原因。這是兩個大爲者的問題，這裏空談何益？

* * *

最後，還說個小故事，作爲結束：十年來風行美國的大學物理學教本 Duff: Physics（也是中國風行的！）去年發行第七次改訂版序文中有一段話，大意是說：『最奇怪的，我們在中國發現一種版本，內容完全同我們第六版一樣，只是沒有我們出版家的名字。此書居然在中國用爲教本，可見本書流行之廣了。』他們並未重視這種走私（可見美國人之慷慨），倒用這一點做了廣告。最後的一句話，多少人認爲汚辱。這種汚辱實由於自取！這是一句多麼值得我們反省的話！（英國 Nature 周刊關於這書的評論裏，也用上了這一段幽默的話。）

中外著作權互惠問題

曾特

一　外人在華享有著作權之根據

查我國准許外人享有著作權，原始于一九零三年中美續議通商行船條約第十一條，及同年中日通商行船續約第五條。在該二約以前，我國本無所謂著作權。故該二約不特爲外人在華享有著作權之嚆矢，且亦爲我國人民享有著作權之起因，茲錄該二欵條文如左：

中美續議通商行船條約第十一條：「無論何國，若以所給本國人民版權之利益，一律施諸美國人民者，美國政府亦允將美國版權律例之利益，給與該國之人民。中國政府今欲中國人民在美國境內得獲版權之利益，是以允許凡專備爲中國人民所用之書籍、地圖、印件、鐫件者，或譯成華文之書籍，係經美國人民所著作或爲美國人民之物業者，由中國政府援照所允保護商標之辦法及章程極力保護十年，以註册之日爲始，俾其在中國境內有印售此等書籍地圖鐫件或譯本之專利。除以上所指明各書籍地圖等件不准照樣翻印外，其餘均不得享此版權之利益。又彼此言明，不論美國人所著何項書籍地圖，可聽華人任便自行繙譯華文刊印售賣。

「凡美國人民或中國人民，爲書籍報紙等件之主筆或業主或發售之人，如各該件有礙中國治安者，不得以此欵邀免，應各按律例懲辦。」

中日通商行船續約第五條：「中國國家允定一章程，以防中國人民冒用日本臣民所執掛號商牌、有礙利益。所有章程必須切實照行。

「日本臣民，特為中國人備用起見，以中國語文作書籍以及地圖海圖，執有印書之權，亦允由中國國家定一章程，一律保護，以免利益受虧。

「中國國家允設立註册局所，凡外國商牌並印書之權，請由中國國家保護者，須遵照將來中國所定之保護商牌及印書之權各章程，在該局所註册。

「日本國家亦允保護中國人民按照日本律例註册之商牌及印書之權，以免在日本冒用之弊。

「凡日本臣民或中國人民為書籍報紙等件之主筆或業主或發售之人，如各該件有礙中國治安者，不得以此款邀免，應各按律例懲辦。」

但我國與外國訂約，大多許其片面享受最惠國之待遇；今美日既以條約在華獲得著作權之利益，則其他各國如引最惠國待遇條款，要求享受同等權利時，我國恐亦不易予以拒絕。因此，民國十七年國民政府制定著作權法時，乃根據美日二約之內容，於該法施行細則第十四條中，規定一般外國人在華享受著作權之辦法。茲錄該條全文如左：

「外國人有專供中國人應用之著作物時，得依本法呈請註册。

「前項外國人以其本國承認中國人民得在該國享有著作權者為限。

「依本條第一項註册之著作物，自註册之日起享有著作權十年。」

依上述之規定，外國人在華之著作權，固應與中國人民同樣遵守著作權法及其施行細則之規定，惟依該細則，尙應特別受下列三種限制：第一，其著作物須爲「專供中國人應用」者；第二，應以其本國承認互惠爲條件；第三，其著作權以十年爲限。

二　著作權法施行細則第十四條第三項之實施

我國著作權法及其施行細則公布後，美國駐華使館曾於民國十九年六月間，向外交部表示，對著作權法本身並無異議，惟對於著作權法施行細則第十四條之規定，則謂外國人著作權之年限比中國人所享受者大有減少，（參看著作權法第二章），且中國官廳可藉詞外國人著作物非專供中國人所應用而拒絕其保護；根據一九零三年中美條約第十一條，中國人民著作權之保護，應一律施諸在華美國人民之著作物，希望免受上述施行細則第十四條之限制等語。

我方當即復以著作權法施行細則第十四條與中美條約並無違反。後美國使館復派員親到外交部請對此問題再予考量。外交部當以細尋該約第十一條意義，凡欲享美國版權法之利益者，須給美國人以本國人待遇，中國因欲享美國版權法之利益，故給美國人著作權十年；其中著作權十年一語，因當時著作權法尙未訂定，似包有照本國人待遇之意。經外交部與內政部咨商之後，乃決定對此點予以讓步；經向美國使館聲明，明著作權法施行細則第十四條第三項之限制，對美國人之著作物暫不適用，並經呈准國民政府備案。

著作權法施行細則第十四條第三項之規定既暫不適用於美國人之著作物，則凡我國許其享受最惠國待遇之國家，如要求利益均霑時，我國似亦不便予以拒絕。故該項規定之實施範圍，業已大受限制矣。

三　得享有著作權之外國人著作物以專供中國人應用者爲限

至於美國使館請求准許美國人民之著作物，免受著作權法施行細則第十四條第一項——即得享有著作權之外國人著作物應以專供中國人應用者爲限——之限制一點，我國則始終保持原來立場，未允所請。蓋一九零三年中美條約第十一條前段雖規定「無論何國，若以所給本國人民版權之利益一律施諸美國人民者，美國政府亦允將美國版權律例之利益給與該國之人民；」但此僅該條之前段，是其序文，非其本身，故該條次段乃有「中國政府今欲中國人民在美國境內獲得版權之利益，是以允許凡專備爲中國人民所用之書籍，……由中國政府援照所允保護商標之辦法及章程，極力保護十年……」之規定。細繹當時立約意思，因中國尚無所謂著作權，而美國政府要求著作權之保護。故在約文中美國乃申說該條第一段，請求中國政府在某種條件之下，特許美國人民享有著作權，在當時實係一種特權之允許，試觀他國條約內，並無是項規定，更可明瞭。故美國許予中國人之著作物以本國人之待遇，乃美國人在華獲得著作權之交換條件。依中美條約之規定，美國固有許予中國人民之著作物以本國人待遇之義務，而中國則並無以本國人待遇完全給予美國人民之必要也。

外國人之著作物，既須專供中國人應用者然後得呈請註册，享有著作權，然則何謂「專供中國人應用」，自當有一固定之標準。此種標準爲何，吾人固不得而知；但依著作物之性質而言，著作物可分兩種，卽教科用書與非教科用書是，外國人之著作物如爲教科用書，自當以合乎我國教育部所定各級學校課程標準者，然後適合「專供中國人應用」之標準，此蓋顯而易見者也。

至於非教科用書，範圍原極廣泛，何者爲「專供中國人應用」，何者非「專供中國人應用」，殊難有一固定之標準。但吾人不能因此即謂爲全無標準可循也。查民國二十二年九月間，有美國 Acme Code 公司，以 Acme Complete Seven Figure Code 一書向內政部註册，內政部即以該書非專供中國人應用者，依著作權法施行細則第十四條及一九零三年中美條約第十一條之規定，不能享有著作權，未准所請。該公司乃向內政部提出訴願；茲錄其訴願書內所持之理由如下：

（一）按著作權法施行細則第十四條規定之用意，不外指呈請註册之著作物，必須確爲對於中國人有用者，始可註册而已。所謂「專供中國人應用」云者，絕非謂該著作物祇有中國人可以應用之意。如謂依該條規定呈請註册之著作物，必須祇可供中國人應用而不能供他國人應用之著作物，則事實上可謂絕無合於該條規定之著作物矣。因無論任何著作物，卽使用中文製成而內容又爲討論對於中國人有用之問題者，（但此種著作物）對於某種外國人，仍可認爲有用也。是則該條所規定之條件，豈非絕不可能之條件？想立法者之用意，當無設立一種不可能條件之理。且該條規定如加以此種嚴格之解釋，則不獨將使中國之著作權法含有歧視不同國別之呈請人之性質，並依訴願人之意見，又爲違反中美兩國於西曆一九零三年所訂之通商行船條約所規定關於中國方面之義務，因中國在該約內固允以所給本國人民版權之利益，一律施諸美國人民也。

（二）其實鈞部歷來辦理著作權註册事項，對於著作權法施行細則此一規定，一向均予以從寬之解釋。凡外國人著作物之呈請註册者，祇須在某方面確有用於中國人民，即行准予註册。例如，全用英文之樂譜歌曲及書籍等之已蒙鈞部核准註册者；固屬不乏先例也。

（三）訴願人之本件著作物 Acme Complete Seven Figure Code 乃專供世界各國人民（包括中國人民）應用之著作物。從此一點言之，自亦可認爲專供中國人應用之著作物。且該書顯然可供中國人應用，雖他國人民亦得應用，但照上述理由，此點固無礙於其得以註册之權利也。

（四）夫中國著作權法規既非規定美國人民之著作物，必須祇有中國人可以應用而他國人不能應用者，始得註册，而依理又不應有此種規定；即照常識及鈞部之慣例而論，著作權法施行細則第十四條第一項之規定又應從寬解釋，凡一切可以有用於中國人民之著作物均可註册。今事實上訴願人之著作物，即 Acme Complete Seven Figure Code 又確爲有用於中國人—即著作權法施行細則第十四條第一項所謂專供中國人應用—之著作物，可見訴願人之 Acme Complete Seven Figure Code 依法實可註册。鈞部前爲不准註册之處分誠未免錯誤也。

上述理由四點，內政部認爲不充分，將其訴願駁回，並根據其所持理由逐一批駁，尤其對於何謂「專供中國人應用」一點，曾舉例以明之。茲錄其理由如下（見民國二十三年二月二十一日內政部决定書警字第三號）：

（一）著作權法施行細則第十四條規定，「外國人有專供中國人應用之著作物時，得依本法呈請註册。」查本條規定，重在「專供」二字。凡得在中國註册之外國圖書，應以專供中國人應用者爲限；譬如該項圖書，全以華文著作或於著作物中參用華文，或雖非用華文著作而著作時係受中國政府或合法社團之委託者，均得視爲專供中國人所用。一九零三年中美條約，亦規定專備爲中國人民所用之書籍，始允依法保護。是法律與條約並無抵觸，訴願人似有誤解。

（二）本部從前對於外人著作權註册事項。因事實上之需要，或許有斟酌辦理之處，然未能據爲定例，更不能據爲反對法律之適用。

（三）本件著作物，訴願人承認係供世界各國人民一律適用者，可知並非專供中國人民所用，本部不准註册，不能認爲不當。

（四）著作權法雖未規定美國人民之著作物，必須祇有中國人可以應用而他國人不能應用者，始得註册；然中美條約曾規定，須專備爲中國人民所用者，始予保護。本件著作物，既非專供中國人應用者，自可不予保護。

該公司對內政部之決定書依然不服，遂向行政院提起再訴願，但其再訴願仍爲行政院駁回。行政院在其決定書之「理由」中，對「專供」「祇供」「可供」三點，詳加剖析，尤注意於闡明「專供」之界說；茲一並抄錄於下（見民國二十三年五月行政院決定書）：

査本案再訴願理由，無非以本件原決定與內政部歷來先例，大相違背，非法律之正當解釋，中國著作權法並未規定外國人民之著作物，必須祇對於中國人民有用，而對於中國以外的人民絕對無用者，始得註册，此項標準，爲缺乏法律上明文之根據；倘外國人民著作物之得准註册者，必須以祇於中國人有用而對於他國人絕對無用者爲限，則不曾絕對否認外國人民有享受著作權保護之利益，且不予美國人民以中國人所有同樣著作物之保護，實違背西歷一九零三年中美通商條約第十一條之規定等語。

除內政部有無先例一節，與本案無甚關係，無庸置議外；茲應審究者，卽內政部不准再訴願人註册之處分，有無違法或不當情事是已。按著作權法施行細則第十四條第一項規定，「外國人有專供中國人應用之著作物時，得依本法呈請註册」。是得在中國註册之外國圖書，原以專供中國人應用者爲限。其非專供中國人應用之著作物，雖可供中國人之用，亦自得不予准許註册。本案著作物 Acme Complete Seven Figure Code，據再訴願人狀稱，係供全世界各國人民之用。雖可供中國人之用，然非係專供中國人之用。依照上述法則。原可不予註册。內政部不准該再訴願人註册，其處分不能謂缺乏法律上之根據。雖據辯稱專供二字，不應以祇供中國人應用者爲限；專供中國人應用之著作物，亦可供外國人之應用，因而供外國人應用而亦可供中國人之用者，亦應予以註册，等語。殊不知專供一語，原係指其主要目的在供中國人應用者而言。著作物之主要目的在供中國人應用者，雖有時亦可供外國人之用，然與非以專供中國人應用爲主要目的而僅係可供中國人之用者，目的性質，均有差異。本案著作物雖可供中國人之用，而其主要目的並非爲供中國人之用，自難強內政部必予註册。再訴願人誤解「專供」爲「祇供」，因而混「可供」與「專供」爲一談，就此攻擊原處分不當，亦難認爲有理由。至外國人民之著作物，如其主要目的係在供中國人之用，合於法定「專供」之條件者，自在著作權法保護之列；對美國人民，亦自不能歧視。

復按再訴願人在原訴願書中稱，依西歷一九零三年所訂中美通商條約，中國允以所給本國人民版權之利益，一律施諸美國人民等語。查該約第十一條規定，「凡專備爲中國人民所用之書籍、地圖、印件、鐫件者，或譯成華文之書籍，係經美國人民所著作或爲美國人民之物業者。由中國政府援照所允保護商標之辦法及章程，極力保護十年」。約文所謂專備，核與著作權法施行細則第十四條第一項專供之意義相同，故本案內政部所爲不予註册之處分，與該項條約並無違背。

綜上所述，吾人可得一結論，即外國人所有之非教科用圖書，必須其主要目的在供中國人應用，始得謂爲「專供中國人應用」；例如凡「全以華文著作或於著作物中參用華文或雖非用華文著作而著作時係受中國政府或合法社團之委託者，均得視爲專供中國人所用」者也，「專供中國人應用」，既有一定之標準，則我國官廳即不致，如美國使館所言，藉詞外國人著作物非專供中國人所應用，而拒絕其保護矣。

四　得享有著作權之外國人以其本國承認中國人民得在該國享有著作權者爲限

外國人之著作物，除必須專供中國人應用外，尚須以其本國承認中國人民得在該國享有著作權者爲條件，始得呈請註册；換言之，卽尚須以互惠爲條件是也。

查各國從前對於外人之權利，多不予保護。文學及藝術著作物在國際上得到確定的保護，亦祗始於一八八六年九月九日之瑞京伯爾尼公約（Berne Convention）。該約曾於一九零八年十月十三日在德京柏林及於一九二八年六月二日在義京羅馬兩次修改，並于一八九六年五月四日在法京巴黎及于一九一四年三月二十日在瑞京伯尼爾兩次附加議定書。一九二八年之公約，在第四條第一項及第五條中，曾分別作下列之規定：

著作人爲締約國任何一國之臣民或人民，對於其著作物，不論尚未出版或業已在締約國中之一國內初次出版。在該著作物原國以外之其餘締約國內，應享有各該締約國法律現在或將來給予其本國人民之權利及本公約所特予之權利著作人爲締約國一國之臣民或人民，以其著作物初次出版於締約國他一國內時，在該他一國內，應有與該國本國著作人同等之權利。

故凡加入該公約之國家，其人民皆在互惠原則之下，在各該國中獲得著作權之保護。現在加入該公約者甚多，而我國則迄今仍未加入。蓋我國現在學術尚未發達，國人著作品尚少足供世界各國人士之用者。反之，我國今日正需外國學術之輸入，而外國書籍却又價值奇昂，非一般國人，尤其是貧苦學生之經濟能力所能購置。在我國未加入該公約之時，翻譯翻印，尚有廻旋餘地。此乃特殊情形，不能與其他各國強同。雖我政府政策絕不鼓勵此種雖合於法律而仍違反道義之舉；但我國亦不必（尤其是在目下多方受不平等條約壓逼之時）特爲外人利益而加入此項公約，以作繭自縛也。中美中日二約及著作權法施行細則皆規定得享有著作權之外國人之著作物以「專供中國人應用」者爲限，其理由正與此相同。

我國既未加入國際著作權公約，但對外國人之著作物又不能完全拒絕保護，故我國法律，除規定得享有著作權之外國人著作物應限於「專供中國人應用」者外，復採互惠主義，規定外國人享有著作權者仍須「以其本國承認中國人民得在該國享有著作權者爲限」。我國既未加入國際著作權公約，而保護外國人著作權又採互惠主義，故外人在華能否享有著作權，惟有根據其本國法律是否准許中國人民在該國享有著作權耳。但各國法律對於保護外國人著作物之辦法，其規定如何，頗難查考。聞外交部對此雖曾迭令駐外各使館詳查具報，至今仍未臻詳盡。茲僅就作者考查所得者酌加整理，或予以迻譯，撮錄於後：

（一）美國——美國一九零九年三月四日通過，七月一日實施之著作權法第八條規定：

依本法有著作權之任何著作物之著作人或物主，或其遺囑執行人，遺囑管理人，或產業受託人，在本法規定之條件及範圍內，應有該著作物之著作權。但依本法所取得之著作權，祇限於下列情形之內，始給予著作人或物主之為外邦或外國人民或臣民者之著作物：

（a）該外籍著作人或物主於其著作物初次出版時在美國境內有住所者；或

（b）該著作人或物主所隸屬為公民或臣民之外邦或外國，以條約、公約、協定、或法律，給予美國人民以著作權之利益，與給予其本國人民者實在相同，或所給予之著作權保護，與依照本法或條約所給予該外國著作人之保護實在相等者；或該外邦或外國係參加一種國際協定，該協定規定有給予著作權之互惠辦法，依該協定之條款美國得任便加入者。

上述互惠條件之存在，應由美國大總統，依本法之規定，隨時以布告決定之。

（二）日本——明治三十二年三月四日公布之法律第三十九號日本著作權法第二十八條規定：

對於外國人之著作權，除條約上有特別規定者外，適用本法之規定；但關於著作權之保護，條約上無規定時，限於在帝國境內首次發行其著作物者，始得享有本法之保護。

（三）蘇聯——查一九二八年五月一日蘇聯著作權法第一條內載：

所有作品，凡發行或發明於蘇聯境內者，不論其著作人是否蘇聯國籍，一律承認其著作權。

又該法第二條規定：

發行或發明於國外之作品，在蘇聯境內能否享有著作權，須視該國與蘇聯有無條約上之規定。

（四）巴拿馬——查巴拿馬國憲法第三章「個人權利」，由第十五條至第四十八條，條文凡三十有四。其中所規定之權利，均以巴拿馬境內居民爲主體，並無巴拿馬籍人與非巴拿馬籍人之區分。其第四十條規定如下：

凡著作人及發明人，對於其著作及發明，均享有完全所有權；其期限及形式以法律定之。

巴拿馬著作權法，見行政法第四編第五章第一八八九條至第一九六六條，條文凡七十有八。其第一八九一條雖規定：

本章內開各權利，得並及於巴拿馬籍人在國外印行之著作物；其在與巴拿馬國未訂著作權條約之國內印行者亦同。

但遍查該法其餘各條，並無巴拿馬國內之著作權，限於巴拿馬籍人享有之規定。據駐巴拿馬使館民國二十二年十二月二十七日呈報稱：「查巴國著作權登記，係由教育部掌管；因此本館曾徵詢該部長對於此事之意見、據云：依巴拿馬著作權法之規定，不特在該國居留之任何國籍人一體享有著作權，即外國人在外國取得之著作權，亦可在該部註册等語」。

（五）古巴——查古巴現時仍沿用西班牙統治時代一八七九年一月十日頒布之著作權法。茲錄其有關外人著作權各條如下：

第十三條　外國著作物之所有人，依其各該本國法律之規定，在西班牙國內亦應爲該項著作物之所有人；但對於此項著作物之翻譯權，祇於該所有人依其本國法之規定在其本國內對該原本享有所有權時；始得享有之。

第十五條　第十三條給予西班牙境內外國著作物之物主之權利，祇對給予西班牙著作物之物主以完全互惠之國家適用之。

第五十條　外國人，其本國法律承認西班牙人民享有本法所規定之各種著作權者，在西班牙國內，無須條約規定，亦無須外交行爲，祇須以私法程序，向法院請求，即得享有其本國法律所給予之權利。

（六）義大利——査一九二五年十一月七日之法令第一九五零號，義大利著作權法，第六十九條規定：

凡在義大利境內首次刊行、發表、或完成之著作物，皆適用本法之規定；在互惠條件之下，凡在外國境內首次刊行、發表、或完成之著作物，亦同樣適用之。

但在外國境內刊行、發表、或完成之著作物，如其所由刊行、發表、或完成之國家之法律所規定之年限，較本法所定者爲短時，其著作權之年限不得超過該外國法律所定者。

又査義大利一九二六年七月十五日之法令第一三六九號著作權法施行細則第二十二條規定：

一九二五年十一月七日第一九五零號法令第六十九條所規定，爲首次刊行、發表、或完成於外國之著作物適用該法令所必須之互惠條件，其存在與否，如未經國際協定之規定時，則必須由國民經濟部長商同外交部部長，提請以勅令宣告之。

（七）瑞典——査一九一九年五月三十日施行之瑞典文學及音樂著作權法第三十條規定：

凡外國人之著作物，其第一版係在瑞典出版者，均享有著作權。

至於外國人之著作物，其第一版並非在瑞典出版者，則須由該國與瑞典訂立互惠條約決定，方享有著作權。

（八）墨西哥——査按照墨國現行法律之規定，外國籍之著作人，在墨國得享有墨國與該著作人本國簽訂條約內所規定之著作權利；如兩國無條約之規定時，則得享有該著作人本國給予墨國著作人之同等著作權利。

（九）那威——查那威一九三零年六月六日公布，一九三一年一月一日施行之著作權法第三十一條規定：

本法適用於那威人民之一切著作物及外國人民在那威境內首次出版之著作物。

根據互惠之原則，那威國王得決定本法之規定全部或一部適用於外國人民之著作物及別國所保護之著作物。

（十）德國——查德國一九零一年六月十日公布之著作人或發明人法律第五十四條載稱：

凡德國人之著作物，無論已否出版，均受保護。

又該法第五十五條載稱：

外國人在德國境內出版之著作物，以未經本人先在德國境外出版或翻譯者爲限，得享有著作權。如著作人將其著作物在德國境內繙譯發表，則此種譯本，得視爲原著，亦享有著作權。

（十一）智利——查智利一九二五年三月十七日之法令第三四五號智能權法第一條規定，凡著作人將其著作物之樣本呈送國家圖書館，請求註册存案者，則其著作物卽享有該法所保障之權利。該法第五條又規定：

外國著作物之智能權得在智利註册；註册後該著作人卽享有其權利，但仍以其本國法所給予智利人民之同等權利爲限。

又依該法第十八條第一項第三款之規定，外國著作物請予註册時，每項著作物應納較智利人所納者多一倍之費用，卽每項應納四十「比索」（智幣）。

（十二）捷克——依捷克一九二六年十一月二十四日之著作權法第二節之規定，外國著作人之著作物，不論已在外國出版或尙未出版，其權利之保護，應以（一）有條約之規定，或（二）經捷克政府公布證明對方國家適用互惠原則者爲限。但以上二條件，業經捷克外交部對我國駐捷使館聲明，對於中國人尙未成立。

（十三）英國——査一九一一年英國著作權法第一條規定，已出版之著作物，其初版係在英皇統治之領域內出版者，或未出版之著作物，其著作人於著作時係屬英籍或居住英皇統治之領域內者，皆得享受該法之保護。但該法第二十三條卻規定：

英皇如發現某外國不給予或不保護給予英國著作人之著作物以適當之保護時，英皇依法得以樞密院令指令本法關於給予在本法所指之英皇領域內首次出版之著作物以著作權之規定，不適用於在該樞密院令所定日期以後所出版，其著作人爲該外國之臣民或人民，且不居住於英皇領域之內者之著作物；自是以後該項規定卽應不適用於此種著作物。

簡言之，卽凡外國人在英國有住所者，其著作物皆受與英國人之著作物相同之保護；凡在英國無住所之外國人，若其本國對英人之著作物不予以適當之保護時，英政府卽得使英國著作權法所規定之保護，不適用於該外國人之著作物。

（十四）比利時——査比國一八八六年三月二十二日之著作權法，在第七節第三十八條中，對於外國人之權利有明確之規定。玆迻譯於後：

外國人得在比國享受本法所保障之權利，惟其所享權利之期間不得超過本法所規定者。若其本國法律所規定之期間較本法為短，則該項期間之終了，仍以其本國法之規定為準。

一九二一年三月五日之法律，在第二條中，對於外國人之著作權，復有下列之規定：

如發現比國著作人在某外國所享著作權之範圍，較比國法律所規定者為狹小時，則該國人民在外國所出版之著作物，即不能享受與本法所規定者相同之待遇。

（十五）和蘭——查和蘭著作權法係由該國一九一二年九月二十三日第三零八號法令所規定。該法令曾經一九一四年十月十六日第四八九號法令，一九一五年十月二十九日第四四六號法令，及一九一七年十二月十五日第七零二號法令三次修改。關於該法之適用，在該法第四十七條曾規定；

凡著作家或以其名義，不論在本法施行前或施行後，在和蘭本國或在和屬東印度地方初版刊行之文學、科學、或藝術的著作物，皆適用本法之規定；但凡著作人為和蘭人或其他和屬臣民者，其關於上述性質之著作物，雖非如此刊行，亦適用之。

細繹此項規定，關於外國人著作權之保護，以其著作物初版在和蘭或其屬地刊行者為限，對於其本國人則無此限制。我國駐和使館曾詢之主管機關，據稱確係如此。

（十六）西班牙——查西班牙現時施行之著作權法仍為一八七九年一月十日頒布者，其有關外國人著作權之條文，已見上文古巴項下，此處可以不贅。

（十七）瑞士——查瑞士聯邦政府一九二二年十二月七日公布之著作權法第六條規定：

受保護者：

(一)瑞士人民之著作物，在瑞士本國或外國刊行或未刊行者；

(二)外國人之著作物，初版在瑞士刊行者。

凡外國人之著作物，初版在外國刊行者，以其本國對於瑞士人在瑞士初版刊行之著作物承認其在該國受同樣之保護者爲限，得受本法之保護。聯邦行政院有決定上項條件是否履行之權。其決定對於法院有拘束力。

國際條約之規定應予保留。

五　結論

綜觀上述各國法令，除美日二國與我國訂有條約，應依條約之規定辦理外，其餘十五國對於外國人著作權之保護，大體上皆採互惠主義。但此十五國中，除巴拿馬國不分本國人或外國人，一律同樣保護外，其餘各國對外人之著作權，原則上雖採相互主義，實際則尙有種種之限制，不合其條件者仍不能獲得保護。例如，義大利及捷克等皆採互惠主義，但義大利著作權法施行細則第二十二條即規定「互惠條件之存在與否一點，如未經國際協定之規定時，則必須由國民經濟部部長商同外交部部長，提請以勅令宣告之」。捷克則更已明白對我駐捷使館聲明互惠原則尙不能適用於中國人民。故外人在華是否享有著作權，不能單以其本國法採互惠主義爲準，尙須視乎其本國實際上是否允許我國人民享有是項權利而定也。

査民國七年前大理院判例上字第一二五零號曾謂：「關於審判衙門所不應知之外國現行法，除依職權得自由調査外，並應由主張之當事人立證……。」是各機關遇有外人根據著作權法施行細則第十四條之規定請求享受著作權時，除得依職權自行調査該外人之本國是否允許我國人民享有著作權外，似仍可參照該判例，令該聲請人出具證件，以助調查之不週也。

至於互惠內容，上述各國法律之規定亦極不一致。有規定初版在國內發行之著作物，不分本國人抑外國人，一律同樣保護，但初版在外國發行之外國人著作物，則須以其本國承認互惠爲條件者。亦有不論初版在國內抑在外國，凡外國人之著作物皆以互惠爲原則者。有對外國人之著作物採寬大主義者，亦有取報復主義者。但各國法律之規定雖如此複雜，我著作權法施行細則所採之互惠原則，原極籠統；故在實行上，似可不問我國人民在該國所享著作權之範圍如何，祇要能證明該國確實允許我國人民享有著作權，則該國人民當可享受我國著作權法及其施行細則所規定之權利也。

從作曲談到版權

軒　　芳

一本唱歌書的出版並不是件易事，要是一個毫無音樂智識的朋友編一本唱歌書那末一定笑談百出了。試看「鶯音電影新歌」陳陶編四十三頁春天裏題目上的關露賀綠汀的錯誤可見一斑，更可笑的國光書店，有一本書是褚保延君編，根本是瞎弄三官經，一支是歌是許如輝作於敏求，可是這位編輯先生竟自作聰明的把他改成「許如輝，於敏求合作」你想可笑嗎？

所以作者聯想到歌曲版權上，爲什麼一支歌曲可隨意翻印？這並不是法律沒有保障，這實在是出版家自己把他弄壞的，使舉一個列：作者作的一支夢裏落花，是刊在微明新歌第一期的，後來自大中華新歌選編者陳棟蓀要求專載，但是陳君因爲要使讀者知道別的書上沒有，相爭而買故放上「版權所有不許專載」等語，這明明是欺騙讀者，但是現在的版權同禁止招貼有一樣妙用。銀花集，十二集載嚴華作滿庭芳一曲，先由大中華刊出，照樣有「版權所有」等語，但是到了銀花集就沒有版權了，這是什麼用意呢？再有銀花集本期有「明月想思夜」一曲嚴華作曲据作者知道詞是大中華陳棟蓀作的。可是看見大中華樣張有版權，可是銀花集沒有，是否銀花集非法專載呢？据作者推測，大概是嚴先生拿去登的吧！可是應該將作詞者也登上大名才對，爲什麼只寫作曲者，而不寫作詞者呢？

這種都是不高德的行爲，也可說是卑鄙行爲，自私自利，你不想想一個藝術家，可以有這種惡習嗎？鄭孝胥的字多好，可是他是漢奸，至今沒人要搜藏，因爲他沒人格，作曲也是一樣，作曲家起來吧！決不要自暴自棄，以致版權亂七八糟，弄得沒有保障，也沒有許多作曲家因爲這一點不高興作曲的也有，這使整個樂壇有關，事關重大，作曲家不得不注意！

攝製林肯歷史片

廿世紀福斯公司被控

●版權問題發生糾紛●

（好萊塢訊）著作家勞物休伍德與美國劇作人生產社（Playwrights Producing Co.）最近聯名向好萊塢二十世紀福斯公司提出訴訟，因休伍德曾著有「林肯傳」（A be Lincoln in Illinois）一書版權交美國劇作人生產社編成劇本，曾經公演，而廿世紀福斯公司最近攝製林肯傳記影片「青年時代的林肯」（"Young Mr. Lincoln"）則被認為係根據該劇本之材料而攝製，並未獲得彼等之同意云云。而廿世紀福斯公司當局，則稱說林肯傳記影片係根據林肯生前之演講錄及多種他人所著之傳記加以參攷而編製，並非以說書為藍本，且林肯為美國之大偉人，其言行記述，璋然於史，決無專利權之可言，故對於原訴，極力加以答辯。按廿世紀福斯公司所攝之林肯傳記片，原擬於六月四日美國建國紀念日在美獻映，但屆時為此訴訟尚未解決，或無公映之希望。片中飾林肯者，為著名影星亨利方達，面部化裝，完全以林肯逝世時所塑之石膏面型為根據云。

為王先生版權提出警告

葉淺予糾紛解決

「王先生」是根據葉淺予的漫畫脚本拍成的。按照出版法和商標法，一個創作家或發明家，對於他創造的作品，可以呈請專利，保留版權。在未得本人同意前，不能仿做改選。所以葉淺予對於他發明的王先生漫畫，也有一種著作權。凡工廠取為商標，戲院影片公司編為劇本，都須得到他的許可，方准發行或公演，當前年明星公司初次採用王先生與小陳為電影題材時，葉本人也曾提出異議，聲明保留著作權益，後來交涉結果是每攝一部影片，由公司支付版稅五百元，所以葉在明星時代，曾做到幾筆外快生意。

去年起，湯傑自西南歸來，加入新華，王先生影片，就此改由新華發行，當第一部逃難影片攝製的時候，葉淺予本人，方遠遊武漢桂林，未嘗預聞其事，後來回到香港，知道新華又在攝製第二部「王先生與二房東」一片，當下他就從香港發了封警告信給新華，稱王先生商標，版權所有，不得擅自採用，即或採為劇本，亦應補給版稅，並訂立契約。新華接到此警告，當以新華許多演員職員等，都和葉淺予有相當交誼，在友誼的談判之下，當然葉淺予是板弗落面孔的，聽說張老板對於這件事始終是採取小事化無事的和平懷柔政策，認為事情很容易對付，只消開誠與葉講明，以後每片付以若干酬金，保持密切的友誼關係，果然在這一緩衝計劃之下，葉淺予也相當漂亮，對版稅也不再作苛刻要求了。

新華和葉淺予方面的磨擦，既迎刃而解，於是它們預定開拍的「王先生與三房客」新片，也得很順利的工作下去，公映之期，已在不遠了。

顧蘭君劉瓊

初試五彩鏡頭

鬧了許多時候的顏鶴鳴發明的小型五彩片，已開拍了一部份，演出者是顧蘭君和劉瓊。這兩位是顏鶴鳴向新華商借的，現在，已將拍成的幾百尺底片寄到美國去洗印，畢竟能用不能用？現在誰都不知道，須待美國洗印以後的回音到來，纔可以決定命運。

如果此項小型五彩片，成績是美妙的，那麼顏鶴鳴的發明，就算是成功了，新華公司的某片，也許就將採用它。

上海的翻版西書

春明

上海，不單是吾國一個首位商埠，同時也是全國文化的中心地；所以全國較大的文化機關，大部設在上海，如各大書局，學府，報紙等等。

大概易於同西人接觸的關係，通商大埠一般人的英文程度，確較內地高明。他們在大學甚至初高中唸的書，課本有十分之七八用的是外洋原版，尤其是十餘年以前。這理由很是簡單，實因國內沒有適合的教科書，教師陳陳相因，學生也以多唸洋書為榮，於是造成了不能不用的風氣。在那時，商務中華的西書部，與伊文思書局等替各校定購教科書，列為一宗主要營業。但是照目前匯價折合起來，往往一書七八十金，用西書無論如何非一班普通學生所能購買，好在近十年來的出版界，已盡了他們最偉大的責任，譯本或自編的新書，時有出版，可以不必採用原版書了，但量的還不十分够，同時語文方面的書，或許仍有非採用不可之處，所以原版書，還是有着牠相當的地位。

翻印並非把原書重排，他們很巧妙地把一本原版書一頁一頁地塗上藥液，落在石上而石印的；既不需排版，更不勞校對，印後交裝訂人用各種顏色的布或紙面訂成，根本與原書一般無二，只是字跡較原書略毛，是其缺點。」

最初有龍門聯合書局專事翻印英文原版教科西書，八一三以後，四川路又多了一家東亞書社，他們並不專印教科書，主要的却是介紹最新歐美名著，無論小說，專門技術書，——總之是大衆所歡迎的新書，甚至歐美著名的雜誌，也有印售的。出書相當的豐富，外灘一帶的西人，華員，外艦的水手，中外學生等人物，是他們的常川主顧。

當然，後來者大有人在，於是一家一家的開設起來，競爭漸趨於白熱化。他們遍設情報網，於英美日本等處，盡量探聽最近出版的書目，購寄國內，儘先翻印，以爭先着；所以往往專售原版書的書商還未運到，翻版書已發現在市上，原版書所受的打擊，也就不淺咧。

選書的來源，有時或根據於最新歐美各大雜誌的新書介紹，如Life（生活雜誌），Current History（時事史料），Reader's Digest（讀者文摘），Literary Digest（文學摘要），各雜誌內都有這一欄，除書名，作者姓名履歷以外，對該書有簡略的推薦與小評；可是從此中選出後，還須購求原書，再事付印，究不若由歐美爭先購得寄回的快捷。

每本書在歐美都有著作權，若無出版人的特許，當然是不許翻印銷售的。可是吾國尚未加入萬國出版人公會，法無明文，不能禁止。但因為大家可以翻印，不免像本市各電影公司爭播民間故事片一般，鬧成雙包案了。最近的例子便是"The Failure of A Mission" by Sir. N. Henderson（前英國駐德國大使漢德森爵士著；使德辱命記——或譯作使德回憶錄），這本書翻印的，據我所知道，至少有兩家以上。

不過翻印陳書，比較教科書有時間性，譬如這本「使德辱命記」，被東亞書社爭到最先出版的機會，以是銷數大概不惡，但還是借重於新聞報和中報，在東亞未出版前，譯登了一部分的幫助。假如沒有這一番義務介紹，我想多少要少銷的；所以抓不到這時機，不宜出版，同時又明年此時，也許仔書也已被人遺忘而無人問津。還有：三年前出版的「亂世佳人」（或譯隨風而去）"Gone With The Wind"要是沒有大華大戲院在開映前大事宣傳的話，此時出版，實為大愚了。教科書則不然，二年三年還有學校會採用的。

論理：翻印人家有版權的作品，是不道德的，所以西人不稱為翻印書（Re-printed Books）而稱為剽竊書（Pirated Books）；但我們基於挽回漏卮的觀點立論，我們實不忍厚非：尤其在目前外匯高縮的時期，省費不少。我詢過「使德辱命記」的原價，是七先令六便士，而東亞書社的翻版書，祗售五元，至少可便宜十五六元（惟紙張係報紙，原書用毛道林）。

本市出售翻版書者，現有十餘家之多，在上海，已有了他們的地位，這是無可否認的了。

英美的出版掮客

史東

在一切已商業化的資本主義的國家裏，書籍的出版，當然已經從學者們的手中轉到商人的手中了。所以在出版界中有着和商界裏同樣的掮客是毫無足奇的。

出版界的掮客在英美叫「文藝代辦人」(literary agent)。他通常是一個在出版界和作家中交游廣闊的人，有的曾從事出版事業，有的曾任過雜誌編輯，不過不論如何，他總是一個極富於生意手腕的人。據不久以前的統計，在英國共有五十多個文藝代辦人，此外專門辦理戲劇和電影劇本稿件的代辦人尚不計及在內。至於在美國爲數更多了，規模較大的就有七八十家，至於那規模較小的則更不用說了。

在五十餘年前文藝代辦人是根本不存在的。那時候，那些信用卓著的出版家對於作家還比較優待，可是其他開張不久的小書局簡直是以欺詐的手段對付年青的作者，——用極低廉的價錢把書稿收買下來，以後作者是分文不得取的了。在這種情勢之下，叫做『文藝代辦人』的新職業興起來了。他們盡力地替作者從出版家處獲得最優厚的條件，再從作者處獲取應得的酬報。在當初的時候，他們只有少數的主顧，小規模地進行着。可是在五十餘年後的今日，英美的作家鮮有不聘請代辦人的了。作者們不至於像以前那樣爲出版家所作弄，一切的權利都由代辦人替他們保障了。

在英美現在除了兒童書以外，書稿是難得賣稿費，差不多全部都是抽版稅的，因此在和出版家訂定契約之前，須得作長時間的交涉。不過我們須知文人大都是書獃子，極少是懂得生意經的。並且他們對於出版法以及出版的情形都是門外漢，因此由作者親自和出版家辦交涉時，不但是得不到最優厚的條件，並且有時候竟忍耐不住大發脾氣和出版家鬧僵了。由於後者的原因，所以出版家寧願和代辦人辦交涉，因爲第一他熟悉出版界各方面的情形，因此他決不會像作者那樣作不合理的主張；第二，他有着生意人所特有的耐心，爲了獲得最圓滿的結果起見，他不惜將交涉拖長下去，決不會像神經質的作家那樣動輒就會和對方鬧翻的。

文藝代辦人的主顧決不會都是成名的作家，新作家當然也時常有的。因此代辦人同時該是一位優秀的批評家。當他受到一位新作家的委託時，他須得將該作家的處女作細細地審查一下。倘使他認爲這是有出版價值的，他就將這委託接受下來，開始把它拿到各出版家處慫恿他們將之出版。他在出版界中的交游是相當廣闊的，因此倘使這一個出版家拒絕接受的話，他就可以拿到另一家去，結果總有一家會收印的。並且代辦人對於各出版家的脾氣都相當地熟悉，所以他可以用各種不同的手段去向他們進攻，說不定總有一家會給他『攻陷』。因此這差不多已經成爲一般公認的事實，那就是凡是新作家要想出版一部處女作的話，除了委託代辦人以外，可以說再沒有更有希望的路徑可循了。（當然倘使那部處女作是有特殊價值的場合，自當作例外看待。）

至於代辦人對於成名作家有甚麼幫助可言呢？除了代替作者和出版者訂最優厚之版稅的契約外，他對於作者還有以下各種幫助：——在英美，一部作品除了出版權外，倘有翻譯權，電影攝製權和舞台公演權等。因此一部著作出版後，遇到上提各種權利有出賣的機會時，作者本人毫不用操心，代辦人自會替他去取得相當之代價的。還有遇到作者的作品出版全集，或廉價版或被改編爲戲劇的時候，照理都是另有酬報的，這也會由代辦人替作者辦理得淸淸楚楚。因此一位成功的作家隨着歲月的消逝，使他感到驚喜的是，他每個月總可以領到些意外的額外收入，而這都是由思慮周到的代辦人替他在代勞的。

一個正在成名中的作家，倘使他的作品的銷路隨着每一部新著的出版而增加着，那麼代辦人出力的機會又到了。一個作家爲保持他的淸高起見，自然不屑和出版家去討價還價。可是代辦人却可以代表他要求出版者提高版稅之比率，否則將來遇到有新著時不再給他出版了。倘使出版者認爲這位作者確實是一株『搖錢樹』，自然只得答應下來。

對於以上的種種效勞，代辦人當然是不會沒有好處的。通常他的佣金是總額的百分之十。不過這全視作家的身價和代辦人的聲譽而定，不可一概而論。有時或不止此數，有時或不到此數。無論如何，代辦人倘使能夠替作者獲得更多的收入，那麼他所能取得的佣錢也將隨着增高。因此代辦人努力替作者增加收入，同時也就是替自己的佣金着想。而作者遇到幹練的代辦人，因而得到更多的進款時，也情願多送些酬報給他了。

然而，這也是指遇到好的主顧時的情形而言。須知代辦人的主顧未必個個是生利的。有時他受委託的作家簡直是無可救藥的。代辦人盡力地替他找出路。這估據他許多時間和勞力。可是結果仍舊遇到失敗；沒有一家出版公司肯收印這位作家的作品。代辦人實際上像對好主顧一樣地替他盡力，可是結果非但分文未得，並且還要受對方的詛咒呢！

反過來說，代辦人也未必個個是好的。有些代辦人不但對他的主顧毫無幫助，並且還要加害於他。他們和出版者訂不利的合同，為了貪一些利益把作者從好的出版家引向壞的出版家處去。並且用種種欺詐的手段，騙取作者的利益。不過這種代辦人到底是極少數吧了。

問題討論

電影攝製權與著作權

不久以前，曾連續發生過幾件電影攝製權與著作權的爭執，例如中國聯合影業公司將劉雲若所著的「春風回夢記」小說搬上銀幕，以及國華影業公司將張恨水所著的「夜深沉」小說攝製影片，都曾引起原著作人或出版者的交涉，認爲是侵犯了著作權。本刊因就此一問題，提出討論，畢竟根據別人的小說改編爲電影劇本搬上銀幕，是不是侵犯著作權？現在我們特地邀請了四位名律師，對此一問題各抒高見，分別發表在下面（以收到先後爲序）：也許對於未來的電影攝製權與著作權的糾紛，可以作一個參考的根據。

——蝶衣識。

·一·

姚肇第

在我提筆要寫這篇問題討論之前，先有一點意思要說一說，就是：我們中華民國雖然號稱爲數千年文明之邦，但是有一種傳統上的暗影，如果有人得到了一些比較稀少的書本，或是對於學術上文藝上有一些心得，筆之著述，那就要「孤高自賞，秘而不宣」，絕不肯公諸大衆。於是讀書人有所謂「珍本」「祕本」，甚至以治病爲職業的醫生，也有所謂「祕方」。這一種傳統上「故步自封」的暗影，很阻礙了國家民族文化的前進。

說到本問題的討論，有人以爲根據別人小說的故事，編爲電影劇本搬上銀幕，這是侵犯了別人的著作權，應當受有限制，不可隨意胡來。但我認爲這是一種狹義的見解，還是上面所說的傳統上暗影作祟。我們爲了廣大羣衆的前進，對於這一種見解，應該要鄭重否定的。

我的意思，認爲小說著作與電影攝製，各有獨特的立場，個別的價值。無論從製作技巧，吸引對象，以及欣賞者的興趣等等各方面，加以分析討論，各有不同之點，恰如俗語所說「河水不犯井水」，並沒有什麼衝突抵觸的地方，可以指摘。因爲：倘若以「製作技巧」爲標準，加以分析的話，小說著作者是以文字爲傳達的工具。對於故事結構，情節佈局，以及人物的刻劃，背景的描寫，全賴乎著作者文學寫作的技巧，故祇要有一枝「生花之筆」，就可以「傳神阿堵，維妙維肖。」而電影製作却並不同於小說著作那樣的簡單，首先要選擇故事，編爲劇本，次要分派演員，表演動作，再次要配合音響，襯托佈景，最後還要借重科學的機械，通過了攝影上各種特殊的技術，方始可以攝成電影搬上銀幕。對於扮演人物之逼眞，有賴乎演員的表情演技，而銀幕畫面之優美，以及光線角度之明晰，又有賴乎攝影的技巧。此外還須服裝道具內景外景的配合適宜，導演排演的指揮與練習，實爲集中人力物力各部門綜合的產物，決非小說著作者祇需要文學寫作的簡單技術，所可同日而語。

假使以「吸引對象」及「欣賞興趣」爲標準，加以分析的話，小說著作者吸引對象，是知識份子的讀者，而電影攝製者吸引對象，是廣大的羣衆。蓋一卷在手，隨時隨地，皆可閱讀，無須乎固定的場所，故其對象爲單純的，流動的。又閱讀小說，在於欣賞著作者文學寫作的技巧，其興趣的發生，在於讀者的理解力與想象力。至於電影攝製者，就必須有劇場之組織，銀幕之放映，其對象爲羣衆的，集體的。蓋萬人空巷，爭觀電影，固屬影壇盛況，但是如果沒有固定集合的場所，安能容納羣衆集體的行動？而觀看電影，在於欣賞演員熟練的演技，以及攝影上各種特殊的技巧，其興趣的發生，在於銀幕上搬演的事物。因爲淺近明顯，所以很易控制羣衆的情緒，啓迪羣衆的思想，其潛移默化之功，決非小說著作者祇憑着文字宣傳，所可望其項背的。

根據上述各方面分析的話，加以論斷，電影攝製者雖然選擇別人小說的故事，改編爲電影劇本，但是等到攝成電影搬上銀幕，其間已綜合人力物力各部門的動作，又經過攝影上種種特殊的技巧，重製爲文藝的美術的新產品，與小說著作者僅以文字寫作技巧爲工具，技巧上已有着顯著的區別。所以非但沒有侵犯別人的著作權，相反的別人小說的故事，因着銀幕上的搬演，分外地家諭戶曉，使廣大的羣衆，有了深刻的認識與瞭解，足爲小說著作者增加聲譽，並且可以爲小說本身推廣銷路。

我國現行著作權法第十九條，有這樣的規定：「就他人之著作闡發新理，或以與原著作物不同之技術，製成美術品者，得視爲著作人享有著作權。

」從上面所得的論斷，根據別人的小說改編爲電影劇本搬上銀幕，正是以與原著作物不同之技術製成美術品。從事改編的人，照著作權法既得視爲著作人而享有著作權，當然不能再加以侵犯他人著作權的罪名，而證其行爲爲非法。照我看來，著作權法第十九條的規定，在立法技術一方面講，是很合理的。我們在上面所主張：法理上關於保護著作權應劃的範圍，在現行法中也找到了切實的規定。本文應該是一篇偏重理論的文章，所以把現行法規引在最後面，作爲本文的結束。

王效文

二、

就他人所著之說部，改編爲電影劇本，攝製放映，是否侵害他人之著作權？實屬值得吾人研究之問題。

據聞美國一般慣例，電影劇本就他人所著之說部改編攝製，咸認爲有妨他人之利益。改編攝製者，必須事前向享有著作權人出資購買，或另訂合約，議定酬報辦法，方能就他人之說部，改編電影劇本，攝製放映；否則他人卽得以侵害利益提起訴訟。

我國著作權法雖經頒佈，而對此問題解釋，則學者之間，頗不一致。有認就他人所著之說部，改編爲電影劇本攝製放映爲有害他人之利益者；亦有認爲說部是說部，劇本是劇本，兩者性質根本不同，有何妨害利益之可言？因就民國十七年五月十四日國民政府公布之著作權法第一條：「就左列著作物依本法註冊專有重製之利益者爲有著作權：（1）書籍論著及說部，（2）樂譜劇本，（3）圖畫字帖，（4）照片雕刻模型，（5）其他關於文藝學術或美術之著作物。」之規定以觀，說部與劇本，兩者完全劃分，縱使說部因依著作權法註冊享有著作權，然亦不能因此而同時享有劇本之著作權。以劇本之著作權，尙須另有劇本之著作，依照著作權法註冊，方得享有也。

且就著作權法第十九條『就他人之著作闡發心理，或以與原著作不同之技術製成美術品者，得視爲著作人享有著作權』之規定而論，就他人之著作，闡發心理或以與原有著作不同之技術製成劇本，實不妨有數種之多，故即使原著作人另就其著作而有劇本之編著，在他人亦得就其著作，以不同之技術製成劇本而享有特種劇本之著作權。

更就著作權法第二十三條之規定以言，著作權經註冊後，其權利人固得對於他人之翻印，仿製，或以其他方法侵害利益，提起訴訟。然就他人之著作，闡發心理，或以與原著作物不同之技術製成美術品或文藝劇本，當然與翻印仿製或以其他方法侵害利益者，不可相提並論。因所謂翻印仿製云云者，乃指翻印著作仿製原有著作而言，而劇本則就原有之說部闡發心理，以與原有著作不同之技術製成者，依照著作權法之規定，自得視為著作人而能獨立享有著作之權利也。况就他人說部改編電影劇本，攝製放映，不但在法律上並無妨害他人利益可言，而且在事實上反常有增進他人利益之處，因改編之電影劇本，比較簡單，自不及原著說部之詳盡，因看電影之故而引起購置說部者，實屬數見不尠。是電影劇本，實無異原著說部之廣告，安得謂為有害於他人之利益耶？

·三·

孫祖基

一個國家的國運是需要文化的力量來會同促進的，所以在每一個先進國家，對於在文化方面有特殊貢獻的人，往往給予一種獎勵或保障，我國之有著作權法的頒行，就是對於文化人的勞績的酬報。

著作權是一種財產權，是一種無體財產權，附着於著作人的本身，而屬於著作人終身所享有的。一旦著作人逝世後，著作人的繼承者並得享繼承之權，正和遺產一樣。不過有一個相當的限制——不得逾三十年。

著作權的作用，因註冊而發生，在著作人或其他繼承人享有著作權的過程中，有對抗一切翻印仿製的權利，即任何人不得侵害他的著作權；如果有人翻印或仿製他的著作物，或以其他的方法侵害原著作人的利益，原著作人得以公力救濟，就是提起訴訟，請求賠償損害。

電影與小說，在文化上有着同等的價值，所以從宣揚文化的立場上說：根據他人的小說，改編為電影劇本搬上銀幕，原屬未可厚非；不過著作權既是他人特有的權利，改編劇本就屬於仿製的方法，依照著作權法第二十三條：「著作權經註冊後，其權利人得對於他人之翻印仿製，或以其他方法侵害利害，提起訴訟。」的規定，就是侵害他人的著作權，權利人得請求賠償及告訴科罰。

當中國聯合影業公司預備將巴金先生的著作「家」，改編爲電影劇本搬上銀幕時，我就曾代表巴金先生，辦理簽約的手續，中國聯合影業公司是向「家」的原著作人取得電影攝製權後開始拍戲的。

不過，有一點需要附帶聲明的，就是未經註冊的著作物，就不得享有著作權。對於被人家改編爲電影劇本或者話劇劇本，也就沒有交涉的可能。此外已註冊而取得著作權的著作物，如權利人死亡，繼承人未爲繼承之註冊，或已爲繼承之註冊而過了三十年的期限的，都不受著作權法的保護，因此無論改編劇本或攝製電影，也都不在限制之列。

余哲文 空我

•四•

說句實在話，我個人的淺見，以爲解釋法律，是應該嚴肅的，而嚴肅就是枯燥。若談到藝術——如電影攝製和文藝著作——是應該浪漫的；拿法律的眼光來剖析藝術圈內的事，至少有點「煮鶴焚琴」。譬如法律規定竊盜是犯罪的；然而在藝術方面爲了畫油畫而沒有「橡皮」，纔去偷人家的「乾麪包」，卻是藝術家的「值得欣賞的故事」。然而這樣一件案子，如果鬧到法庭上去，最多祇能「上邀秦鑑」，「從輕發落」而已，法官決不會反判令麪包失主，限他每天送一塊麪包，以完成此「藝林佳話」的。

再說藝術這東西的精髓，在於「似乎」，在於「沒有一定」，譬如做史論，你說：「漢高祖實市儈耳！必如項王始英雄也。」先生給你九十八分。而他卻說：「項羽盜耳！奚能與漢王同日而語哉？」先生也會給他九十八分。要是拿法律來評判，假使不是「時效已消滅」的話，一定要判一個誰是誰非，這就有些「弄不落」了。所以我說：還是藝術圈的事情比較容易「弄得落」，根據別人的小說改編爲電影劇本，搬上銀幕，我們很淺近的說：只要這電影劇本能够「藝術」，也就算一個問題有了解決。本來法律是枯燥的！藝術是偉大的！

保障作家稿費版權版稅意見書

(一)緣起

邇來物價高漲，而文藝作品稿費之增加則極爲有限．作家生活於是日趨艱窘清苦生活爲文人之本色，但時至今日寫作待酬，每每不足謀一飽，即使自甘坐以待斃，究非文化界之幸事，况稿費版稅爲作家合法之權益，於此求之，固不難覓得合理之解决也。

戰前，最低之發表費爲千字三元，而印刷排工千字僅值六角。今在陪都排工竟達千字四十元至六十元，而稿費則大抵千字未逾三十元。一般物價若何增高，姑且不論，僅此稿費與印刷排工比值相差之遠，已足窺作家生活之艱苦爲何如矣。同人等深知今日之經營出版事業者，其艱難並不減於作家，故保障作家合法權益問題之提出，並非與出版家處對立之地位，而係以安逕之原則，及出版家之協助以期獲得合理之結果．而已。同人等並願竭盡微薄，向政府機關懇請，設法減少出版物審查與寄遞之困難．以利圖書雜誌之出版與運輸；同舟共濟之誼，諒亦爲出版界之所樂許。玆僅提出關於稿費與版稅之改善辦法數則，願與熱心文化事業之出版家竭誠協商之。

(二)辦法

甲、關於稿費之項

A 發表費

1. 著譯發表費每千字暫定最低額爲三十元。
2. 著譯經審查通過後即致送發表費。
3. 如物價繼續高漲，則文字發表費，須按照生活指數遞增。

B 出讓版權費

1. 著譯出讓版權之稿費，已發表者暫定最低額爲千字五十元；未發表者最低額爲千字七十元。
2. 著作經簽定出版權讓與契約後，即致送全部之稿費。
3. 物價如繼續高漲，則讓與版權之稿費額亦得按比例提高之。

（註：上列各項，均以重慶爲標準，各地作家得按當地生活程度之高低酌量增減之。）

C. 著譯計算字數，以所書稿紙或書刊之全頁字數實計，不減除題目，標點，及分段分行之地位。

1. 版稅率按出版地售價最低抽百分之十五，再版發酌加至百分之十八或二十

2. 原稿審查通過後，作家得預支第一版版稅二分之一，出版後每三個月結算一次，並至遲於三個月內清付。

3. 中途加價，其新加之書價，仍照抽版稅。

4. 作者對存銷數目損壞數目，認為有疑義時，得請出版家提供憑證。

5. 版權印花以貼用為原則。

6. 書籍再版時，須先徵求作家同意。

7. 倘出版家不履行上列各款時，作家得解除契約，備價收回紙型。

（三）實施

甲、本辦法，由中華全國文藝界抗敵協會總會，通告全國各地分會，轉請會友主持之文藝雜誌及出版社首先實行之，以資倡導。

乙、「文協」各地會友作家，希能以此項辦法作為原則，與出版家協商實行。

丙、本辦法由中華全國文藝界抗敵協會總會，呈請中央出版事業管理委員會，召集出版家代表與「文協」代表協商實施。

本意見書於三十一年十月二十八日由中華全國文藝界抗敵協會總會理事會會議通過。

關於外人在華版權的交涉

•敬　朋•

蕭乾先生在大公報出版界第五期「讀了中美商約後爲中國出版家擔憂」一文，引起出版界人士對於外人在華版權問題的嚴重關切。蕭先生說：

『……全文兩次提到「文學及藝術作品權利之享用」「應享有關於版權、專利權、商標、商號，及其他文學藝術作品及工業品所有權之任何性質之一切權利及優例」。「任何性質」包括的太廣了，而繙譯，劇本改編，圖畫木刻漫畫之翻製，音樂歌曲編譯等等，自然都在內。當中國輕重工業航權礦產在此興廢關頭都已吃到大虧時，這點「版權」當然不足掛齒了。但我敢預卜這商約正式通過後，中國靠編譯吃飯的人不但手足受縛，飯碗也可能打掉。不久軍警必包抄「×門書局」等專門供給中大學教科書的方便之門，而全國作者編者，各報資料室主任都得提心吊胆來引用原文，或選用插圖。照中美幣制的歧別，一個可憐翻譯者的血汗所得，可能都得兌成美金，滙到芝加哥或波士頓去！對於中國剛剛開始注意背景資料的報界，必是迎頭一棒！』

也許由於蕭先生在國外過久，並曾親身受過許多煩惱，所以他的論調十分悲觀，但這種悲觀的看法很能博得一般人的同情。

中國出版業在目前可說是悲慘到極點了。除非政府在各方面能夠給他們種種有利的支持，如低利貸款，減輕寄費等，幾年之內很難維持得下去，更不要說恢復戰前舊觀或新的發展。我們的學校，尤其專科以上的學校，如果單靠國內學者自己的著作，眞不知道課業如何進行。我們的設備不如人，工業技術不如人，學者沒有研究的優良環境，作家沒者寫作的優越條件，我們沒有許多名符其實足供人研究參攷的公共圖書館，甚至許多大學或省立市立圖書館的購買能力都是很可憐的。在今日沒有一個作家能够完全靠寫作來維持生活，出版家出版一冊銷售幾百部的新書，沒有任何利益可圖，讀書人望着書價瞠目却步。有些學校中採用爲參攷書或教本的著作，就照目前的定價，學生已無力購買，如果再加上原作者照外人的標準收取著作權費，恐怕任何出版家都不敢作這種冒險的嘗試了。

我們很慶幸，今日各國都宣佈除廢對華不平等條約，新的條約是在平等互惠的基礎之下訂立起來，政府對於有關多數人利益之文化事業，自然不能淡不關心，從十一日外交部對於此點所發表的聲明，一方面告訴我們在條約議定書中對於禁止繙譯，並未給予保護，同時表明「本部（指外交部）對於國人繙譯權之保留，曾於商約談判時始終堅持，雙方折衝結果，乃在議定書中作上述之規定。」可見當事人的一般苦心，和我們對於閱讀如此長文的疏忽。但我們覺得。在約文中「任何性質之一切權利及優例」一語稍嫌過於廣泛和籠統，將來在兩國國民之間，很可能會發生許多不要的麻煩和交涉。

說起版權的交涉，並不始於今日，遠在清朝，已成爲外交上的課題之一，雖然不平等條約大部分訂於清朝，他們在外交上的喪權辱國，久爲國人所垢病，可以說是構成滿淸滅國的一個大原因。而在繙譯權方面，他們却始終不肯讓步。

光緒二十八年中日議約的時候，關於保護版權一節，張之洞致外部電曾說過如下的話：

「保護版權一節須商定年限，凡東人新出華文華語書圖，許專利五年，禁人翻刻，滿限即不復禁，除沿江沿海外，如雲貴，廣西，四川，陝西，甘肅，豫，東三省即限內亦不應禁，若華人就東刻華文之書重加編訂，有增減修改者，即不能禁，其華文中參有東文者，更不在應禁之例。查此條數月以來，中國文人議論紛騰，多欲力駁，視爲極重要之事。鄙意以爲不能全駁，亦不宜全駁，蓋東人將各種有益中國學問之書譯成華文華語，頗費心力，自應享此銷書之利，方爲公允，即中國著書售書者，亦向有稟禁翻刻之章，於外人售書何獨不然。此爲藉以鼓舞東儒多出新書有益我之學堂，但東人語氣文法，即用華文，於中國亦不盡洽合，一經華人將其書重編另刊日本人即不應阻止矣。

對於美國議約時，國人亦有嚴正的表示，同年外部致劉，張，呂，盛轉述京師大學反對訂立版權立約的電文說：（下接二十頁）

(上接第二頁)『開現議美國商約，有索取洋人版權一條，各國必將援請利益均沾，如此則各國書籍，中國譯印，種種爲難。現在中國振興教育，研究學問，勢必廣譯東西書，方足以開通民智。論各國之有版權會原係公例，但今日施之中國殊屬無謂，使我國多譯幾種西書，將來風氣大開，則中外各種商務自當日進，西書亦立見暢行，不立版權其利更大。似此甫見西書，遽生阻滯，久之將讀西書者日見少，各國雖定版權究有何益？此事所關匪細，亟應設法維持，速電呂，盛二大臣，萬勿允許，以塞天下之望，幸甚』經過種種交涉，後來對日本所定的約文如下：

『日本臣民特爲中國人備用起見，以中國語文著作書籍以及地圖，海圖，執有印書之權，亦允由中國國家妥定章程，一律保護，以免利益受虧。

對美國所定之條欵如下：

『中國政府今欲中國人民在美國境內得獲版權之利益，是以允許，凡專備爲中國人民所用之書籍，地圖，印件鐫件者，或譯成華文之書籍係經美國人民所著作，或爲美國人民之物業者，由中國政府援照所允保護商標之辦法及章程極力保護十年，以註册之日爲始，俾其在中國境內有印售此等書籍，地圖，鐫件或譯本之專利。除以上所指明各書籍地圖等件不准照樣翻印外，其餘均不得享此版權之利益。又彼此言明，不論美國人所著何項書籍，地圖，可聽華人任便自行翻譯華文刊印售賣。

以上兩條，似乎比現在商約條文中關於版權的籠統規定要高明一些，至少不會引入發生誤解。然而在當時一般言論仍極不滿，即在張之洞，呂海寰，盛宣懷，劉坤一等人之間，也喋喋爭議不休，我們知道滿清末年中國是一個可憐的弱國，那時我們的外交家要憑三寸不爛之舌，向人力爭，而現在至少在形式上我們是五强之一，自然不可同日而語。這雖是舊話重提，也頗能資人省發。

新著作權法和改編他人著作物的禁止問題

思培

舊著作權法（民國十七年五月十四日公布施行）第十九條規定『就他人之著作闡發新理，或以與原著作物不同之技術製成美術品者，得視爲著作人，享有著作權』。該條規定承認改編他人著作物是一件合法的事；如根據他人有著作權的小說，改編爲電影劇本，話劇劇本，地方劇劇本，或彈詞唱本……等，或將他人有著作權的某種種類的劇本改編爲他種種類的劇本（例如話劇劇本改成越劇劇本），毋庸原著作權人的同意，并且改編後的作品，得由改編者聲請註册，享有著作權，民國二十一年司法院院字第七七五條解釋云『（一）中就他人所著小說編製電影劇本，合於著作權法第十九條「以與原著作物不同之技術製成美術品」之規定，自得視爲著作人，享有著作權；甲享有著作權後固不能限制乙以不同技術製成美術品，但乙所製成之美術品，其內容及名稱，必須與甲之已註册者，顯有區別，否則卽爲著作權之侵害，（二）享有著作權法第十九條著作權之樂譜劇本，當然與第一條第二款（按舊著作權法第一條戰『就左列著作物依本法註册……爲有著作權……（二）樂譜劇本）之著作權同，得專有公開演奏或排演之權……；（三（著作權法第十九條著作權之享有，在能闡發新理或以不同技術製成美術品，自毋庸得原著作人或著作權所有者之同意，至原著作人如並享有樂譜劇本之著作權，自得專有公開演奏或排演之權，否則應受他人專有權之限制，不得當然兼有』。事實上，舊法第十九條適用的機會，上面已經說過，以小說改編劇本，或某種戲劇劇本改編爲他種戲劇劇本居多數，因爲已成名的小說，擁有衆多的讀者，一般人對它已有深刻而良好的印象，一旦搬上舞台，當然有很大的號召力。其次，就酬報方面言，小說編著後、如將著作出售。祇能一次受領一筆報酬，如抽版稅，在我國的情形，普通一部書，賣不了多少本，並且書籍能供無數次的使用，讀者買了一本書，往往輾轉借給他人閱覽，所以新書的銷路，過了相當時期，就會呆滯下來，編劇本就沒有此種缺點，一部劇本編成後，編劇者『專有公開演奏或上演之權』，祇要有人上演，就非預先徵得他的同意不可，所以每次上演，就應支付若干報酬於編劇者除非他自願允許他人上演而不收取任何報酬（當然，未徵得編劇者的同意，而上演他的作品，事實上，是很可能發生的，編劇者既不能在全國各地遍設通訊聯絡機關，如有人乘其不知，偷演他的劇本，他就無法阻止，可是，法律上，此種行為構成著作權的侵害，當然可以利用法定方法救濟）。嚴格地說，他人一篇小說，或劇本，設局佈置，費了許多心血，一舉成名，決不是偶然的事，如今改編者根據原小說或劇本的內容，略加潤飾，改頭換面，添了若干名詞，就能對其改編的劇本享有『公開演奏或上演之權』，似乎有掠人之美之嫌，況乎原著或者或原編劇者不一定因其著作而獲利，改編者的工作比他們少，收獲有時倒超出他們數倍，在原著者或原編劇者定將興『為誰辛苦為誰忙』之嘆，似乎也顯失公平。

民國三十三年四月二十七日修正公布施行的著作權法已將舊法第十九條刪去，同時在第二十五條規定如下：『就已經註冊之著作物為左列各款之行為者，應得原著作人同意，但著作權已消滅者，不在此限：……（三）用文字，圖畫，攝影，發音或其他方法，重製或演奏他人之著作物者』，條文適用的範圍很廣，除了以文字，圖畫，攝影，發音外，其他一切方法，祇要是在重製或演奏他人的著作物，都包括在內。重製或演奏他人之著作物，不問其方法如何，概須得原著作人同意。此處所謂『重製』，指新製作物的內容與原來著作物相同，但重製之方法，與原來著作物作成的方法，並不相同（例如小說改編為劇本，改編為連環圖畫），因此內容是否相同，應依社會一般見解註定，否則原著作人目光中，他人的著作物，無一不是重製他的作品。改編者的意見，以為絲毫沒有抄襲人家，完全是別出心裁的著作。雙方立場不同，見解各異，遇有爭執發生，自不能以雙方主觀意見為準。其次，我們應注意的，著作權法第二十五條未言『應得原著作權人同意』，而規定為『應得原著作人同意』，原著作人縱已將其著作權讓與他人，如有人以文字，圖畫，……等方法重製或演奏他的著作物時，仍應徵求其同意，因為原著作人讓與著作權時，僅將其著作物『本身』的重製權利出讓（如係樂譜劇本，發影片電影片，著作權法第一條第二項的公開演奏或上演之權利，也連同著作權一起讓與），如他人以與原著作不同之技術方法重製該著作物時，無須向著作權的現在所有人請求許可，仍應取得原著作人同意；但是，是項『同意權』，依著作權法規定，固應屬於原著作人所有，讓與著作權時，並非當然隨同著作權而移轉，但讓與契約因訂明歸受讓人取得者，本諸契約自由的原則，自應認為有效，嗣後第三人如欲改編該著作物時，應即向著作權受讓人徵求同意（如第三人不知是項特別約定之存在，仍與原著作人接洽，經原著作人表示同意時，著作權受讓人仍不得以特別約定對抗第三人）。最後，在修正著作權法施行前，根據舊著作權法第十九條規定，改編他人著作物，已就其改編的作品，依法註冊取得著作權者，依照法律不溯既往的原則，原著作人自不得引用修正著作權法第二十五條，阻止改編者公開演奏或上演他改編的作品（如果是劇本的話）；但是，另一方面，改編者雖已修正著作權法施行前完成改編的工作，並曾公開演奏或上演他的作品，原著作人在演奏或上演時亦未曾提出任何異議，假如他未曾將其改編的作品註冊，取得著作權，原著作人現在仍能引用修正著作權法第二十五條，改編者不能以原著作人過去未提出異議為理由，主張其已有默示的同意，因為改編他人作品，既為舊著作權法所不禁，原著作人當時即無從表示異議，改編者既未將其作品註冊，自不能主張既得權利。原著作人和這批未取得著作權的改編者間，日後定將引起嚴重的爭執，這是我們可以斷言的。

教育文化

著作權登記 不同出版檢查

內政部負責人近以一般將著作權登記與出版檢查混爲一談，對中央社記者作詳明解釋如次：

（問）著作權登記，是否爲出版檢查制度之變相，與民主精神有無違反？

（答）著作權登記與出版檢查，其作用完全相反，著作權登記，是由著作人自由聲請的，是保護著作人權益的；出版檢查，是限制出版自由的，是防礙著作人權益的；二者斷不能混爲一談。著作物於其公開問世以後，必須經過內政部註冊形式，始得專有翻印重製之權，在歐美先進國家，例皆如此，并不違反民主精神。

（問）凡未聲請註冊之著作物，內政部是否須予以處罰？

（答）絕無此事，內政部辦理著作權登記，是以著作人之意思爲意思，完全處於被動地位。爲著作人增加法律上之保障，藉以抵抗翻印或仿製者之侵害行爲，其有自願任人翻印或仿製之著作物，儘可自由發行，內政部從未強迫其註冊，更焉有處罰之事。惟未經註冊之著作物，於其末幅刊載「某年月日經內政部註冊」與「有著權翻印必究」等字樣者，依照著作權法三十四條及著作權法施行細則第十一條之規定，應予以處罰。然事實上亦未曾執行。有人斷章取義，謂內政部對於凡未經註冊之著作物，均須處罰之云，實係一種誤會。

（問）內政部辦理著作權登記，法律上之根據如何？有無修正之必要？

（答）內政部辦理著作權登記，完全依照立法院議定國民政府公布之著作權法辦理。自民國十七年五月十四年公布著作權法迄今已二十年，內政部曾經徵詢全國學術界出版界之意見，提出修正草案，送立法院審議修正，復於三十三年四月二十七日第二次公布，所有舊著作權法中，關於拒絕註冊或限制註冊之各條文，均已刪除；並對於著作人甚至出版人權利保障之範圍，予以擴大，與民法第五百一十六條之立法精神完全吻合。故現行著作權法，實爲最開明最進步之法律，施行以來，尙無重大障礙。

（問）著作權是否必須以註冊爲成立要件，此項註冊辦法可否取消？（轉第四版）

專論

著作權在中國爲什麼被漠視

(上)

陳加

本刊第二卷第四期刊載一文，敘述內政部以各地書局及著作權人多未能依照修正著作權法聲請註冊，殊非自保權益及國家獎勵著作之意，爲使其權益取得法律保障並獎勵著作起見，特函請各省市當局轉飭各書局及著作人辦理著作物註冊手續•本市社會局奉令後，已遵照令飭圖書南紙業同業公會轉知各書店及著作人，限於本年六月以前辦理註冊手續。據筆者最近調查，本市坊間出版物，多尙未經註冊，社會局這次催促，仍未收到效果。

中外觀點的不同

著作權一事，在英美等國看得極爲重要，因著作權而涉訟的非常之多。這次中美締結商約，中間也特別的列出保障著作權的條款，（這是基於美方的要求）第九條中規定：……締約此方之國民法人及團體，在締約彼方全部領土內，其文字及藝術作品權利之享有，依照依法組成之官廳，現在或將來，所施行關於登記及其他手續之有關法律規章（備有此項法律時），應予以有效之保護，上項文字及藝術作品未經許可之翻印，銷售，散佈，或使用應予禁止，並以民事訴訟，予以有效救濟，無論如何，締約此方之國民法人及團體，在締約彼方全部領土內，依照依法組成之官廳，現在或將來所施行關於登記及其他手續之有關法律規章（備有此項法律規章時），在不低於現在或將來所給予締約彼方之國民法人及團體之條件下，應享有關於權，專利著作權，商標，商號及其他文學藝術作品及工業品，所有權之任何性質之一切權利及優例；……。

這種具有國際性的保障著作權條文，在中國尚屬創例。我國因一向對著作權漠視，以及科學文明落後，若干書籍須仰賴外國的緣故，始終未與外國訂立過這種條約。一九三二年伯爾尼舉行世界著作權會議，中國即未參加，頃又有於一九三九年召開國際著作權會議的計劃，我國現正考慮採取適當態度中。

保障著作權，本是一件極端需要的事，而我國人民爲什麼予以漠視呢？

在中國，就著作權法的本身來說，可算是相當完善的一部法規，但在應用上，則恰恰相反，國人腦中多存有一種觀念，即認著作權是一種不成問題的問題，始終對他是漠視的。

著作一事，在中國是一向被視爲神聖的事業，「士」列於四民之冠，數千年來，士大夫在中國社會思想上一直居於領導地位，承受着人民的崇拜。書籍是士大夫的法寶，人民由尊士而尊書，視書爲神聖的物品，不敢稍有瀆犯，其極也，即連有字的紙，都不敢亂棄亂用。貼有「敬惜字紙」字樣的廢紙箱，遍於國內，惟恐有人不愼，亂用字紙，而侮蔑了神聖。

轉載翻印功德無量

在中國，通常書籍著作人或其繼承人，並不想從書籍上獲致物質的報酬，所注重者乃聲譽的獲得，所以書籍的著作人，凡是自己有力出版的，則自己出版，並希望他人翻印，以廣流傳。自己無力出版者，則希有人能代其出版，俾獲致聲譽。舊五代史和凝傳中謂：「和凝平生爲文章，長於短歌艷曲，尤好聲譽，有集百卷，自篆於版，模印數百幅，分惠於人焉」。此外，爲求獲致聲譽而竟竊書出版者，亦不乏其例。「晉時高平人郗紹作晉中興書，數以示何法盛，法盛有意圖之，曰：「卿名位貴達，不復俟此延譽，我寒士，頗有著述流聲於後，宜以爲惠」。紹不與。後紹書成，法盛詣紹，紹不在，直入竊書，紹還失之，無復兼本，遂行何書」。

再有儒家孝親敬師的思想，使作子孫或門生者，咸認有一種絕對的義務來代其先人或業師出版書籍。同時中國社會亦鼓勵這種作風，此外國人更有一種見解，即認與其自己作一個平庸的著作者，倒不如作一個良好著作的編輯人或贊助人爲佳。

作者本身無力將其著作印刷問世，或不願自沽高名將其著作印刷問世者，多半由其親友隱名將其有價值之知識與思想加以保護與傳佈。隱名或託假名印行著作的例證，非常之多，近來文人喜歡用筆名發表文章，也是這種遺風。中國古時之名著，多一半是由作者的親友門生所代爲刊印，作者的親友子弟也咸願將其有價值之著作出版，藉以獲得功德，家聲或高名。

照佛教來講，傳播宗教眞理，尤以印行虔信的書籍，便是積德。直到今日，這種風氣仍然流行，勸善篇等類文字的小冊或傳單，時常出現於每一角落的墻壁上，或傳至每一個人的手內，上面多半印有「歡迎翻印，功德無量」的詞句。其他宗教的出版物，也多具有同樣性質。

（未完）

專論

著作權在中國爲什麼被漠視（下）

（陳加）

改竄剽掠爲世所恥

依著作權法講，著作權之侵害，可大別爲兩部份；一爲轉載翻印，一爲改竄剽掠。由上所述，可知我國過去一般人對著作物被轉載與翻印的觀念，是如何的淡薄了。至於對著作物之被改竄掠奪，則並非一向漠視，而認爲是一種非常不道德的事體，其出發點，亦發原於重視著作物而來，觀之爲神聖不可侵犯之物。對他人著作物改竄掠奪而據爲己有者，固爲人所共棄之行爲，但此種行爲，在過去亦僅在道德上此罪惡之責，在法律上是不負任何責任的。

清儒所以重視日知錄者，乃在其成書之方法，而不在旨義。所謂日知錄成書之方法，其最顯著的面目，厥爲纂輯。顧亭林嘗自述先祖之教，以爲一著書不如鈔書。……自炎武十一歲，即授以溫公資治通鑑。曰：世人多習綱目，余所不敢，凡作書者，莫病乎其以前人之書改竄而爲自作也。班孟堅之改史記，必不如史記也；宋景文之改舊唐書，必不如舊唐書也；朱子之改通鑑，必不如通鑑也。至於今代，而著書之人幾滿天下，則有盜前人之書而爲自作者矣。故得明人書百卷，不若得宋人書一卷」。

顧氏對於著作人的道德問題，極爲注意。又說：「嘗以下人，則有以他人之書而竊爲己作者，郭象莊子註，何法盛晉中興書之類，是也。若有明一代人，其所著書，無非盜竊而已」。

他論述著述的品格謂：「必古人所未及就，後世之所必不可無者，而後爲之。」

日知錄爲鈔書工夫之至精細者，日知錄成書後，常常勘改，「誠古人先我而有者，則削之」，雖顧氏自己所發明而與前人吻合，尚不屑存，何況剽竊？學者必須有此志氣，才能算爲創造。自亭林先生極力提倡此議，遂成爲清代學者重要信條，「偷書賊」乃難立足於學者社會中，於學風所關非細。

章實齊所著文史通義中，對立言大義頗多闡發，很可引爲文化界從事著作的參考。章氏有言公三槁，力言古人之言，所以爲公，未嘗矜於文辭而據爲已有。「竊人之所言，以爲已有者，好名爲甚，而爭功次之，功欺一時，而名欺千古也。以己之所作僞託古人者，好利爲甚，而好事次之。好事則罪盡於一身，奸利則效尤。而藏風俗矣」。

此處章氏指出好名奸利是文風敗壞的根源所在，奸利固然可恥，而「好名者，固有所利而爲之者也……故好名者，德之賊也」。因此章代特別注重著作人的心術，亦就是「德」。

改竄剽掠他人著作的行爲，如何爲人所恥，可以概見一般。但此種觀念並不普及，大體說來，著作權的觀念在我國是始終遭受着人民的漠視。最主要的原因，是由於幾千年中國思想界在儒家領導下，養成尊士重書的風氣，使人對他人著作權不致輕易瀆犯，再則過去出版技術過於笨拙，使人無法藉出版牟利，亦大有助於著作權之被尊重。

未來的展望

著作物聲請註冊，在立法的意旨上，是百分之百正確而且需要的，目前中國與國際間逐漸締訂保障著作權益之條文後，著作物之註冊登記，更屬急需。但在牟利觀念未進入一般著作人腦中前，大家仍認出版是一件神聖的事業，並且爲增高聲譽，也有很多人希望他的著作被人出版翻印和轉載。至於改竄與剽掠仍被人目爲是道德上的問題。就目前中國文化情形來論，這種觀念的存在，並非是絕對的不利，不過我們向前展望，憧憬着將來我國科學文明發達以及與國際合作加密，我們還是要倡導著作物應該登記，與應重視著作權。同時，國際潮流的趨勢，也將不容許我們長期的漠視下去。

（已完）

論抄襲和著作權

梅煥藻

（編者按：「辭典風波」爲文化界之不幸事件，至堪重視。本刊上期已有趙南星先生一文評論其事，十一月十三日還版大公報載有梅煥藻先生評論同一事件的文字，玆特轉載。編者同意梅先生的意見：此種事件之發生，所關法律事小，所關道德與今後風氣事大。）

近半月來，競文書局和新生書局兩者之間的辭典風波，轟動了整個的出版界。競文說新生的「英漢新字四用辭典」（以下稱「四用」）是抄襲他們的「英文新字辭典」（以下簡稱「新字」）。新生根本否認其事。說辭典沒有著作權，「新字」是「搶先出版」。記得林語堂的「開明英文讀本」被林漢達抄襲，二林對簿公堂，結果語堂勝訴。二林的讀本中都有一首英文詩，語堂曾經就原作稍加更易，漢達照抄。到了法庭，前者取出原本證明了後者是抄襲。現在競文控新生抄襲，在法院沒有判決以前，自然還不能定論。不過，這一場風波可以說是開明讀本事件以來，出版界中最轟動的事件。

爲了向新聞界報告他們的觀點和立場，競文書局在本月九日舉行了一個記者招待會。我也是被招待的一份子，當時「新字」編者之一的葛傳槼先生的報告，就記憶所及，有下列幾點：

（一）「新字」的編纂，費了七年以上的長時間，經過多方的蒐集和廣泛的諮詢。滿滿一大抽屜的卡片原稿，加上修改疊修改的五次校樣，可算是無言的證人。

（二）「四用」抄襲「新字」，有下列證明：（一）解釋的雷同：例如關於Stomic bomb一詞，「新字」的敍事文字，長至二百有餘，「四用」的敍事文字百分之九十九相同，兩者中的標點和括弧也相同。（二）「新字」排版時的漏列和誤植也正好是「四用」的漏列和誤植。例如兩者都誤ask for it爲ask for it，都誤 independent爲independenily。（葛先生舉了廿幾個例子，其餘的我都不記得了。）（三）「新字」某頁 bmboozle 一字中的l印得不完全，好像是i，「四用」正好印成了i；又「新字」某頁aerodyne 一字中的y只印出一半，好像是v，「四用」正好印成了v。

（三）地檢處着令和解，競文的要求是（一）登報道歉；（二）毀版毀書；（三）賠償損失。

葛先生是「新字」的編者，他的報告，對於第三者僅是一種參考。「四用」的編者將另有一套說法也是想得到的。總而言之，抄襲不抄襲，自有法院去判斷（據葛先生說和解很難成立）。惟有法院的判斷，纔能算是最後的判斷。

競文方面又提到一點，就是辭典之有著作權應該沒有疑問。他們的論據是：（一）一部辭典的問世總是許多學人積年累月的心血結晶，如果沒有保障，試問誰個還肯去從事這種艱巨的工作？（二）倘使辭典沒有著作權，內政部又爲什麼把著作權註冊執照發給他們？

關於著作權這一點，我還是認爲應該由法院去判斷。法院的判斷是依據法律的，法律是公正的，任何的私情偏見，休想滲進分毫。

現在我想談到的毋寧是這一事件的道德方面，我現在來一個假定：辭典是沒有著作權的。那麼，利用了這一點法律上的漏洞去抄襲甚至翻印「辭源」「辭海」甚至「大英百科全書」，豈不等於明目張膽地竊取別人的辛勞成果？這種「竊取」風氣樹立了，文化上的瓌寶還能產生嗎？學術上的進步還可能嗎？

惡性的通貨膨脹，使得大衆的眞實收入不足以維持個人的溫飽。貪污豪取盛行一時，道德標準的淪亡使得有心人刻刻焦憂。所幸文化界儘多孤傲不屈之士，任令生活如何艱苦，仍矻孜孜不息，從事吃力不討好的工作，是是非非的態度，寧死也不肯更易。陷於苦悶深淵的文化人也未嘗不仰望這漆黑天空中的晶星去支持，誘導全國的大衆，使他們能够以無比的勇氣和耐性來度過這漫長的黑夜，迎接光明的最後來臨。出版事業是文化事業的重要部份。倘使從事出版事業的人竟也投隙取巧，不辨是非，光明的最終來臨，縱令不一定完全不可能，有勇氣和耐性去迎候它的恐怕剩不了幾個人了！

蔣主席提師北伐以來，一度在胡漢民先生領導下的立法院未嘗沒有制訂許多開明的法律。可是，時至今日，連人身自由這一點還成爲時賢討論的焦點，可以推知法律本身的完美不一定就是人民的保障。人民的保障還在於大家盡力去維護垂危的道德標準和信守是是非非的態度。這兩者是法律的靈魂。沒有靈魂的法律比沒有靈魂的軀殼更能爲害。

我呼籲出版界中有正義感的人士一致結合起來，我們要維護出版自由，同時要維護免於被抄襲的自由（也就是免於做別人攫取利益的階梯的自由）！

新聞稿件的著作權

浩行

報紙是現代社會一般人民的精神食糧，報紙各項記載，足以左右一般人民的思想和態度。然而報紙每一段文字，每一幅圖畫，照片，都是記者們費了無數精神，勞力、時間的成績品，有時，甚至是他們冒着生命危險的代價（例如，戰地記者報道的消息），對於這一類作品，我們決不能認爲不足與文藝科學著作享有同樣的法律上價值，相反的，它們原則上也和普通文藝科學著作一樣，享受著作權的保護。誠然，報紙各項稿件過去曾一度被人目爲卑不足道的作品，不應享受一般著作物同樣的保護，可是，這一類論調，最近二十年來，已不再有人主張。一九二六年華沙舉行的國際文學藝術會議，和一九三一年 M. Valot 向國際新聞記者協會提出的報告書，都明白指出報紙和一般著作物均爲人類精神的產品，一篇著作，刊登報章，和印成專冊，性質上不應有任何區別。時至今日，報紙稿件享受著作權保護的原則，已爲世界各國立法例所共認，報紙稿件不受法律保護的，祇有瓜地瑪拉，墨西哥等少數國家。

非但如此，一般立法例的趨勢，是由保護書面的新聞稿件，進而保護口頭的（用無線電廣播的）新聞稿件，因爲不問新聞稿件散布的方式爲書面（卽報紙）或口頭（卽無線電廣播），其爲人類精神的產品則一，兩者的性質既完全相同，自應享受同樣的保護。

可是，我們不可以爲，報紙記載的每一段文字，都應享受著作權的保護，報紙的內容包羅萬象，各項記載的性質，未必盡同，有的固是個人精神的產品，有的尚不足視爲個人精神的創作，有的爲了保護作者的權利起見，固有禁止轉載的必要，有的爲了社會大衆的利益起見，反以獎勵他人轉載，散布爲宜。報紙是供給民衆智識的最重要工具，民衆需要知悉的各項消息和思想，假如絕對拘泥於著作人專有的原則，一概禁止傳布，無異是剝奪民衆獲取智識的基本權利，所以報紙各項記載應享受的保護，程度上應有差別，近代立法例對於報紙已揭載之稿件，准許其他報紙或雜誌在若干條件下轉載其全部或一部者，其故卽在於此。茲就報紙各項稿件，按其性質，逐一分析如次：

第一類，不具備新聞稿件性質之著作物 若干著作物，縱在報端刊登，仍不具備新聞稿件之性質，換言之，仍應以普通著作物論，適用著作權之一般規定，屬於這一類的著作物，有下列數種：

（甲）分段刊登的小說，是項小說，在報端分段刊登，和編印單行本的普通小說，性質完全相同，其著作人應享受普通著作權的保護。此點在一八八六年Berne國際公約（一八九六年巴黎會議修正條文）內，已設有明文，同時亦爲各國（包括未加入該公約的國家）法律所承認。

（乙）劇本，樂譜，詩詞——這一類著作物，純粹屬於文學藝術作品的範圍，並不含有新聞的性質，應與（甲）項的小說適用同樣的保護。

（丙）圖畫及照片——報上登載的圖畫和照片，依國際間通說，也屬於文學藝術作品的範圍，苟未得著作權人許可，其他報紙不得轉載。

第二類，具備新聞稿件性質之著作物 這一類的著作物更可分爲後列二種：

（甲）不討論有時間性的經濟或政治問題的文學，藝術，科學作品——一切科學性，技術性和娛樂性作品，都屬於本類。由於此種作品往往含有敎育民衆的作用（例如灌輸醫學常識的文字）的緣故，它們應否享受著作權的保護，有時頗令人躊躇不決，因爲假如它們也享受一般著作權的保護，其他報紙或雜誌卽無法予以轉載，這對於民衆敎育，可能是很大的障礙，可是目前多數國家（例如瑞典，保加利亞，羅馬尼亞，意大利，芬蘭，法國，德國等），遵照 Berne 國際公約的辦法，承認此種作品的法律上地位和普通著作物相同，禁止他人轉載。

（乙）討論有時間性的經濟或政治問題的作品——這是各國規定最

難趨一致的一點，有的國家，基於社會利益的理由，否認是項稿件得享受一般著作物的保護，有的國家主張這一類的作品。核其性質，也是個人精神的產物，應適用著作權的保護。關於此點，Berne 著作權國際公約第九條（一九二八年羅馬會議修正條文）規定如次：『討論經濟，政治，宗教問題而有時間性之稿件，除註明禁止轉載者外，得在（其他）報紙轉載，但須註明其來源。違反上開義務之制裁方法，由被請求保護之國家之法律定之』，這條條文，在一九二八年羅馬會議內，曾引起與會代表很熱烈的爭辯，照通過的修正條文看來，假如報紙未註明禁止轉載，他人就可以自由轉載。不過轉載時仍須將來源註明（即註明原載該稿件的報紙或雜誌的名稱）。自公約第九條修正後，很多國家的法律已將該條規定納入國內法。可是，所謂「註明禁止轉載」，要不要就每篇稿件特別註明，抑僅須在報紙首頁註明「本報揭載之各項稿件，一概禁止轉載？」通說均認為禁止轉載之聲明，須就特定稿件為之，（可是，若干國家的法律，例如荷蘭法，認為雜誌祗須在首頁刊登一段禁止轉載的聲明，不必在每篇稿件之下，註明禁止轉載的字樣）。所謂「來源的註明」，通說主張應標明原載該稿件的報紙或雜誌的名稱，如原稿作者曾具名者，并應將原作者的姓名（或投稿時所用的筆名）標明。

轉載者應遵守的另一義務，那就是保持稿件內容的完整，因為任何割裂，改竄原文的行為，都足以損害原著作人的精神上權利。

時間性的稿件，以已註明禁止轉載者為限，得禁止他人轉載，這一點會引起很多新聞記者的不滿。某記者說：『假如每篇稿件必須特別註明禁止轉載，報紙上「禁止轉載」的字樣，不久將觸目皆是，同時短篇稿件，寥寥數語，後面却也要放一句禁止轉載的聲明。恐怕報紙篇幅也將成問題了』。Valot 說『報紙各稿件，有的註明禁止轉載，有的不註明，好像作者自已將前者的價值估計得很高，有了這一層顧忌，抱謹慎和謙虛態度的作者，就不敢輕易出此』。至於註明來源一事，在一般作者的目光中，也認為是毫無實益的舉動，讀者知道原文載在某報紙或雜誌之後，至多將這一份報紙或雜誌買來對照一下，作者方面，仍不能獲得任何金錢上補償。

第三類，不視為精神產品的報紙稿件　上面兩類的稿件，都由作者個人技能的成分加入，所以法律上不能不給予有限制或無限制的保護。這兩類稿件的特點是：具有個人精神產品的性質，用創作的方式寫成文字。假如不具備這二個特點，法律當然不必給予著作權的保護。例如政府機關的文告，官方人士當衆發表的演說。根據法國學者 Raymond Weiss 向國際比較法學會的報告，報紙揭載的日常新聞，法律廣告，運動競賽的預測，地理資料，物價成本等，法國判例均否認其有著作物的性質。保護範圍最廣的是荷蘭，在一般人目光根本不具備個人精神產品性質的稿件，例如紀念節的慶祝節目，戲院節目單，廣告，都可以享受法律的保護。

各項新聞消息的發布，應否適用著作權的限制，這是各國學者爭執了數十年的一個問題。通說均主張新聞消息不應享受著作權的保護，他人得自由轉載，連來源也不必註明。Berne 國際公約第九條最後一項也規定『本公約之保護，於日常新聞及含有新聞消息之各項稿件，不適用之。』

通訊社發布的各項新聞消息，能否享受著作權的保護。這一個問題多數立法例至今尚沒有明白的表示。一般說來，是項消息，本身固不能享受著作權的保護，假如有濫用某通訊社消息的具體事實，仍不妨依不正當商業競爭的規定處理。

結論

最近十餘年來，新聞稿件的傳布方法，不再死釘在報紙身上，自無線電，電影等事業日趨發達以後，除了用印刷機將各項稿件印成報紙以外，更可以用無線電台廣播新聞，或放映有聲新聞影片。時至今日，陳舊的著作權法已不足以應付新聞的發展情形了，未來的法律，對於新聞稿件，一定有更合理，更適合社會需要的辦法，我人願拭以待之。

附表

史料信息详表

篇名	作者	期刊名称	卷	期	页码	出版日期
中国商标版权之保护问题	［英］肯列退（W. B. Kennett）	东方杂志	16	9	162~163	1919年9月15日
国际著作权公约问题	罙三	出版界		57	1	1920年9月
关于著作权之中法新文交涉		民心周报	1	52	1300~1301	1920年11月27日
加入国际保护著作权公约问题	逸园	民心周报	2	1	3~5	1920年12月4日
国际版权同盟	端六	东方杂志	17	24	4~5	1920年12月25日
国际版权同盟与中国	武堉干	东方杂志	18	5	7~17	1921年3月10日
中国之著作权法		英商公会华文报	新编2	7	12~15	1921年11月
我国拒绝加入瑞京版权公约		兵事杂志		133	7~8	1925年5月
稿费	剑影	民众文学	14	10	4~6	1926年9月3日
著作人所得的稿费	罗汉素	艺术界周刊		15		1927年4月30日
日人争远东著作权		《法律评论》（北京）	5	22	7~8	1927年11月27日
版权之价值	李培恩	商业杂志	3	3	1	1928年3月
照相版权法	大佛	天鹏	3	5	41~43	1928年11月1日
批成都中华书局请出示禁止翻印书籍以固版权一案文	胡公著	成都市市政公报		2	95~97	1928年11月15日

续表

篇名	作者	期刊名称	卷	期	页码	出版日期
对商务印书馆收买铁铮译可兰经版权而说的话	愚克	月华	3	2	1~3	1931年1月5日
看他横行到几时的“翻版书”	狷公	中国新书月报	1	8	1~6	1931年7月
几部版权无主的书籍	一岳	中国新书月报	1	8	44~45	1931年7月
出版权授与契约		商务印书馆通信录		386	5~7	1933年6月10日
著作权之演进	胡梦华	人民评论		11	19~26	1933年7月10日
书业掌故——版权的起源	隽	同舟	3	5	8~9	1935年1月5日
仿宋字体活字应否享有著作权	江庸	法律评论	12	12	1~3	1935年1月19日
版权和其他属于出版上和书籍上的各种权利（上）		同舟	3	8	17~19	1935年4月5日
版权和其他属于出版上和书籍上的各种权利		同舟	3	12	23~25	1935年8月5日
版权以及其他关于出版上书籍上之各种权利（三）		同舟	4	1	20~22	1935年9月5日
版权以及其他关于出版上书籍上之各种权利（四）		同舟	4	2	14~16	1935年10月5日
翻版书之溯源及其概况	月波	同舟	3	9	9~10	1935年5月5日
柯昌泗等为书报合作社谭天侵害新元史著作权一案提起刑诉经过情形		二十五史刊行月报		2	6~7	1935年5月20日
著作权之保护及其限制	刘杰材	中央时事周报	4	33	41~43	1935年8月31日
著作权之保护及其限制（续前）	刘杰材	中央时事周报	4	34	39~41	1935年9月7日

续表

篇名	作者	期刊名称	卷	期	页码	出版日期
《王先生》影片版权重归天一，叶浅予以二千四百元脱手		电声	5	19	465	1936年5月15日
毒玫瑰剧本版权案将有新开展	口痕	优游		22	3，5	1936年7月28日
毒玫瑰版权案枝枝节节	怪探	优游		23	4~5	1936年8月8日
中国出版界的狂想曲	程忆帆	书人	1	2	23~25	1937年2月
中外著作权互惠问题	曾特	现代司法	2	10	1~18	1937年7月1日
从作曲谈到版权	轩芳	凤鸣播音月刊		2	29	1939年2月
摄制林肯历史片，廿世纪福斯公司被控，版权问题发生纠纷		电声	8	27	1125	1939年6月16日
为《王先生》版权提出警告，叶浅予纠纷解决		电影周刊		58	8	1939年11月8日
上海的翻版西书	春明	上海生活	4	7	17	1940年7月17日
英美的出版掮客	史东	西书精华		3	162-165	1940年9月
电影摄制权与著作权		万象	1	8	136~140	1941年8月
保障作家稿费版权版税意见书		战时文艺	2	2	129~130	1943年2月1日
关于外人在华版权的交涉	敬朋	读书月刊		2	1~2、20	1946年11月20日
新著作权法和改编他人著作物的禁止问题	思培	震旦法律经济杂志	3	1	12~13	1947年1月10日
著作权登记不同出版检查		外交部周报		21	2~3	1947年5月10日
著作权在中国为什么被漠视（上）	陈加	天津市	2	12	8	1947年5月24日
著作权在中国为什么被漠视（下）	陈加	天津市	3	2	12	1947年6月7日
论抄袭和著作权	梅焕藻	周末观察	2	8	14	1947年11月22日
新闻稿件的著作权	浩行	震旦法律经济杂志	4	12	292~293	1948年12月

本书所收文章，部分版权尚未到期，但因年代较为久远，作者信息不详。请相关著作权人见到本书后，及时与本出版社确认版权信息，以便邮寄样书和稿酬。